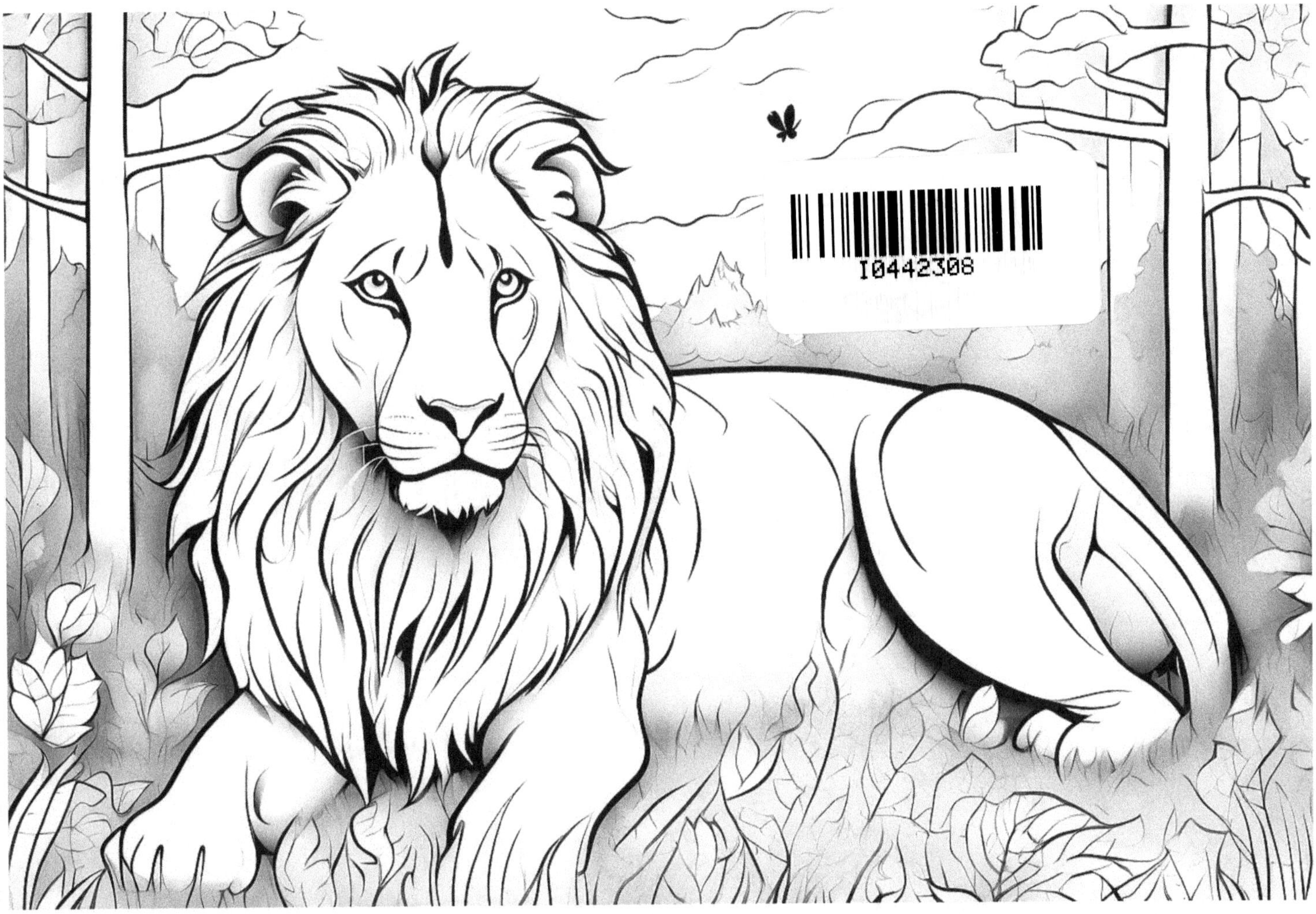

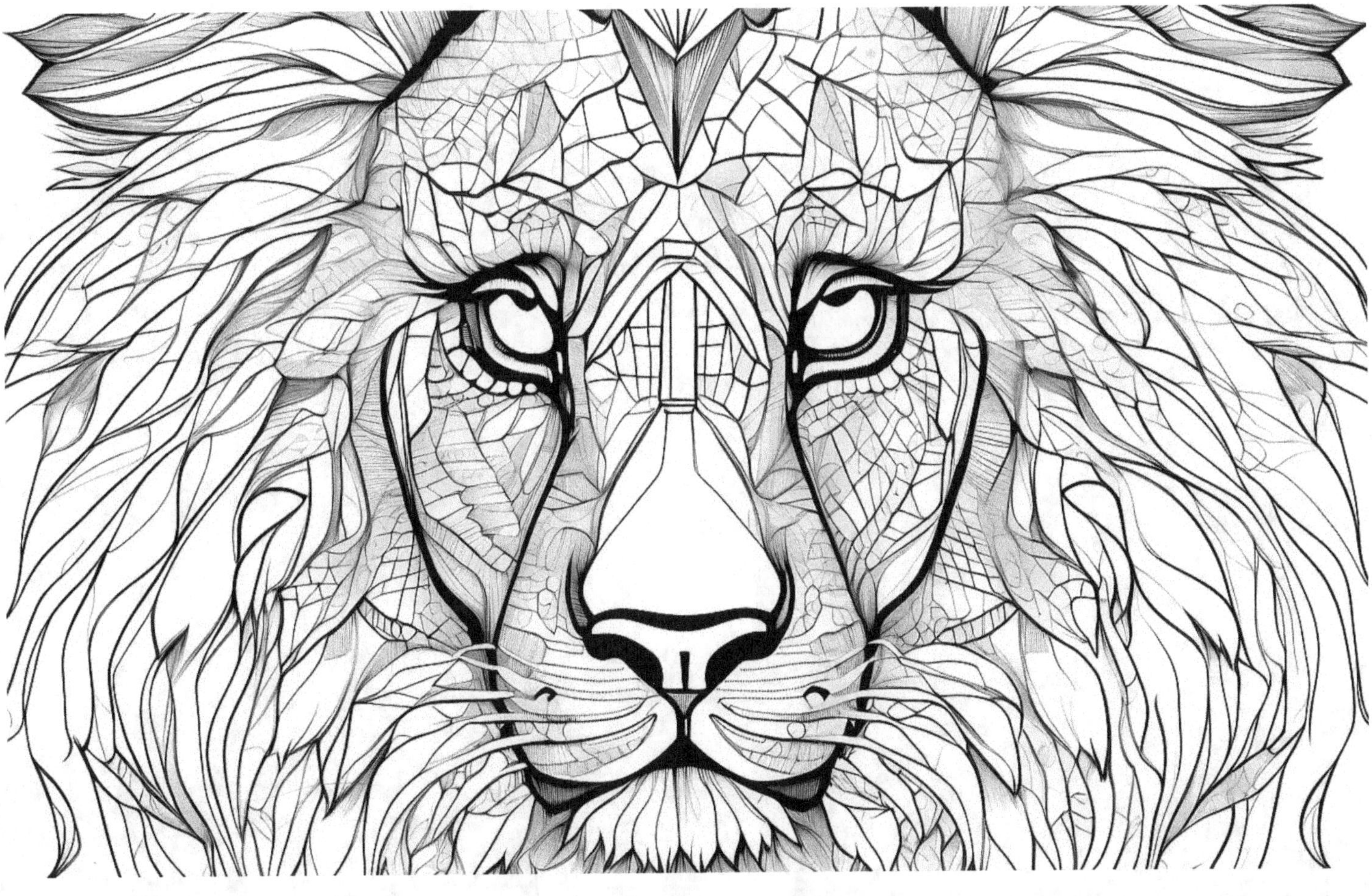

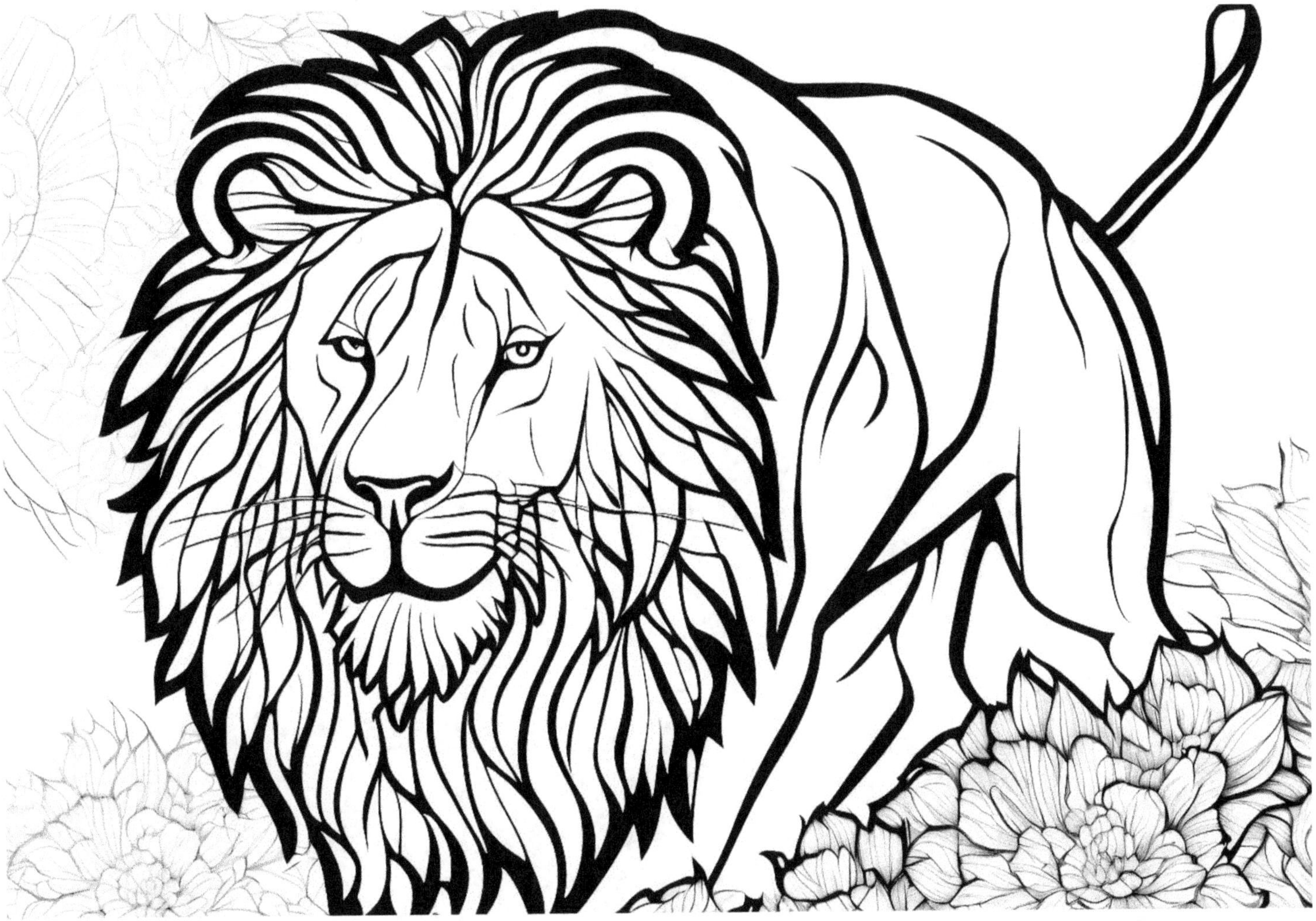

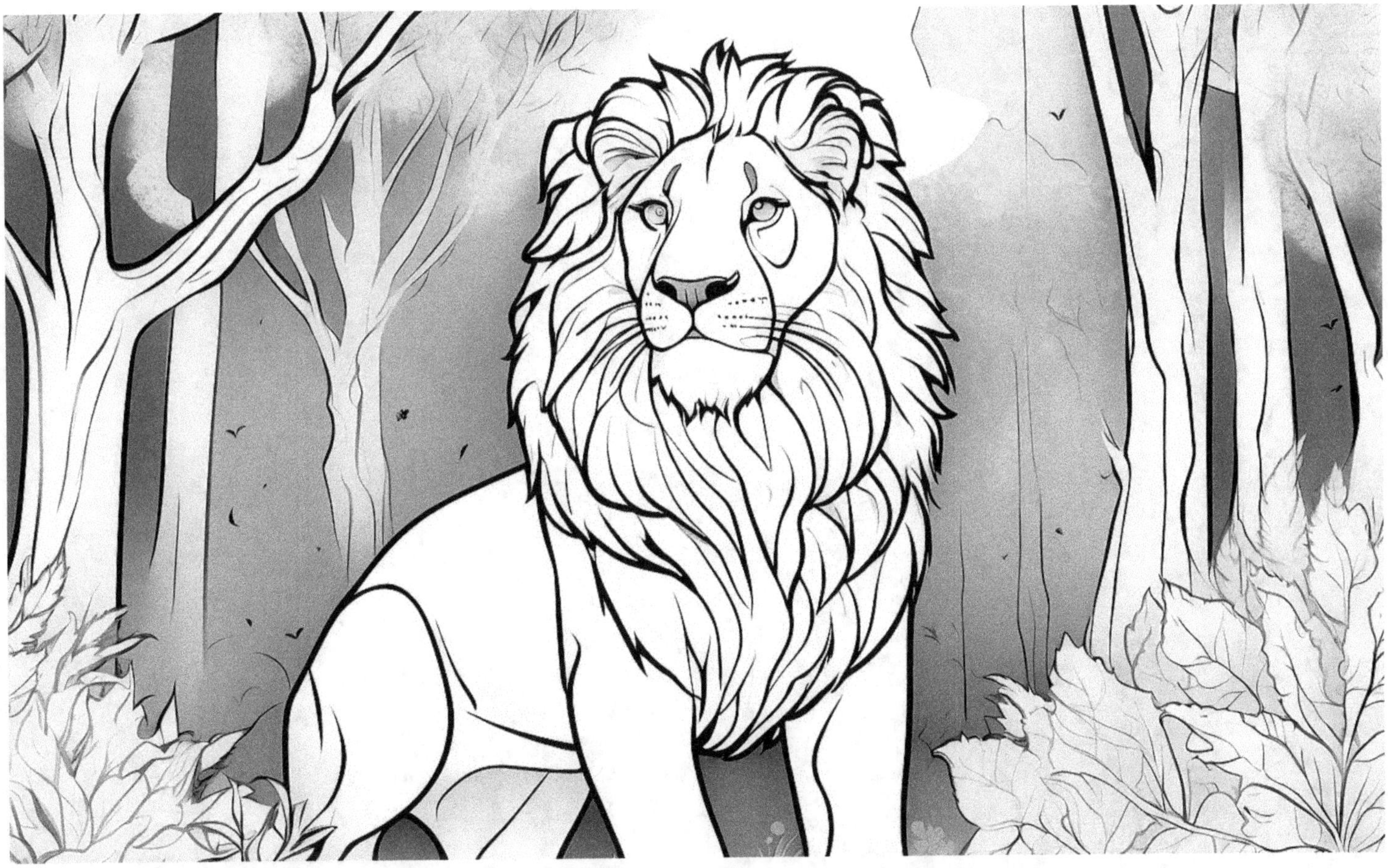

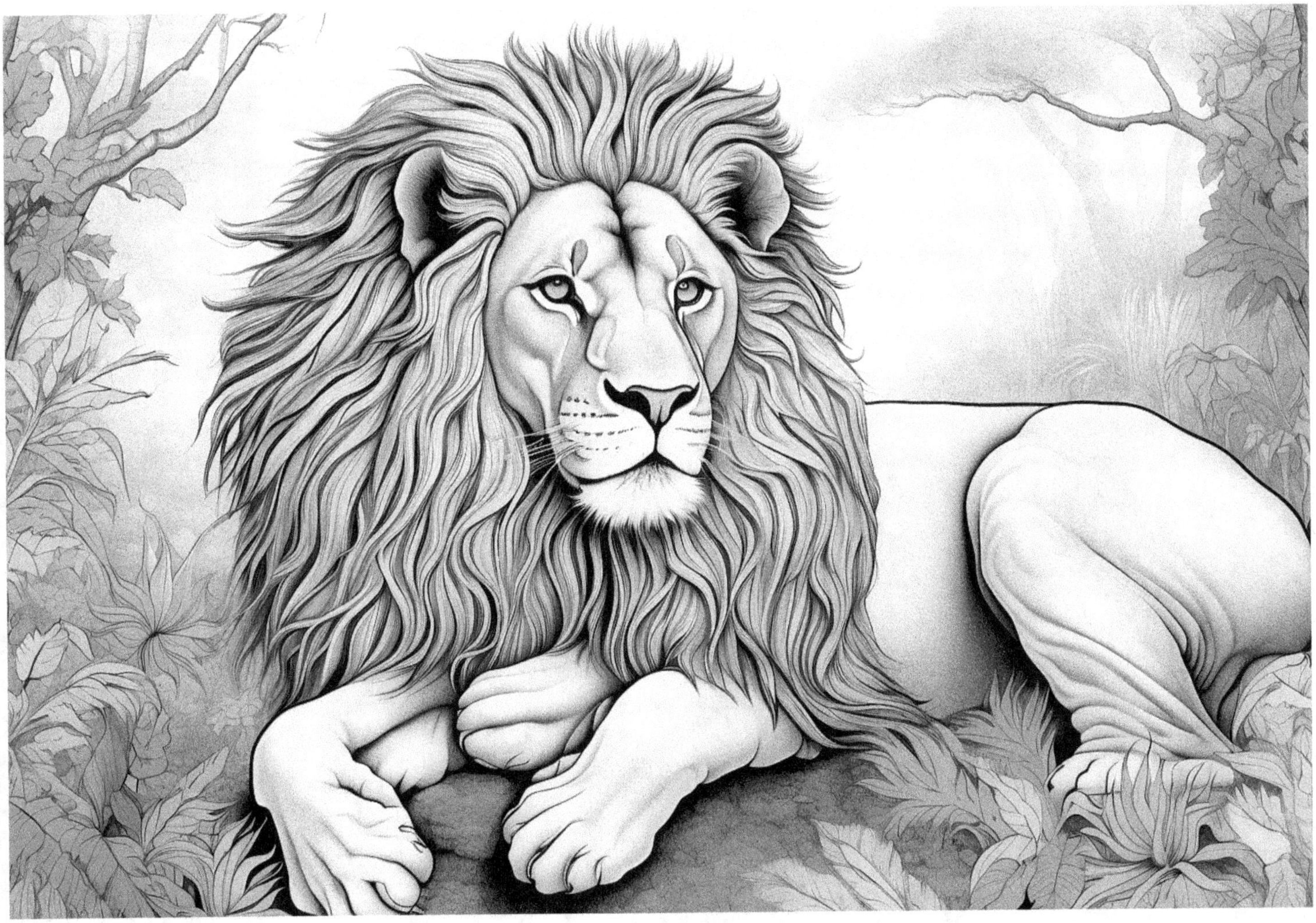

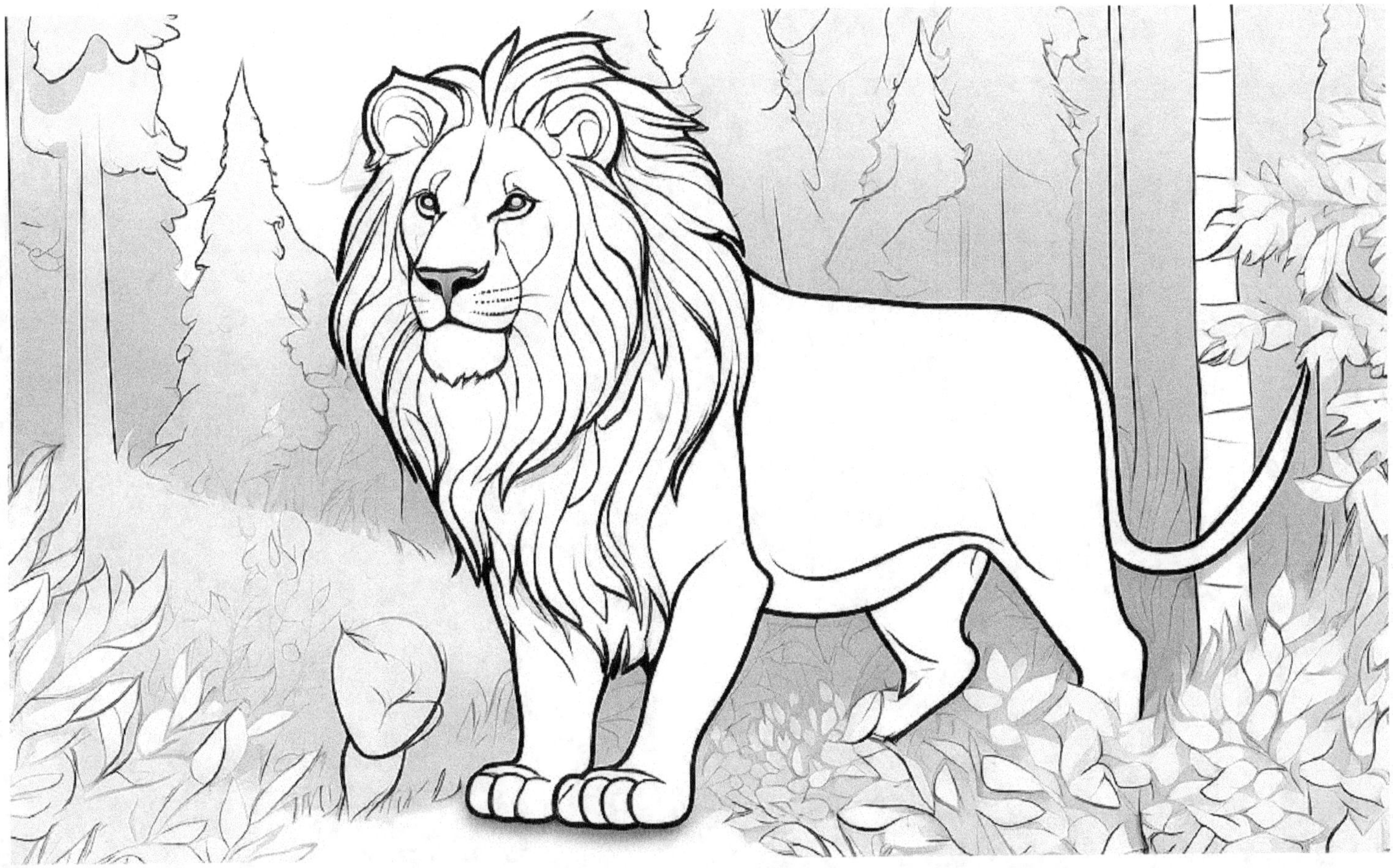

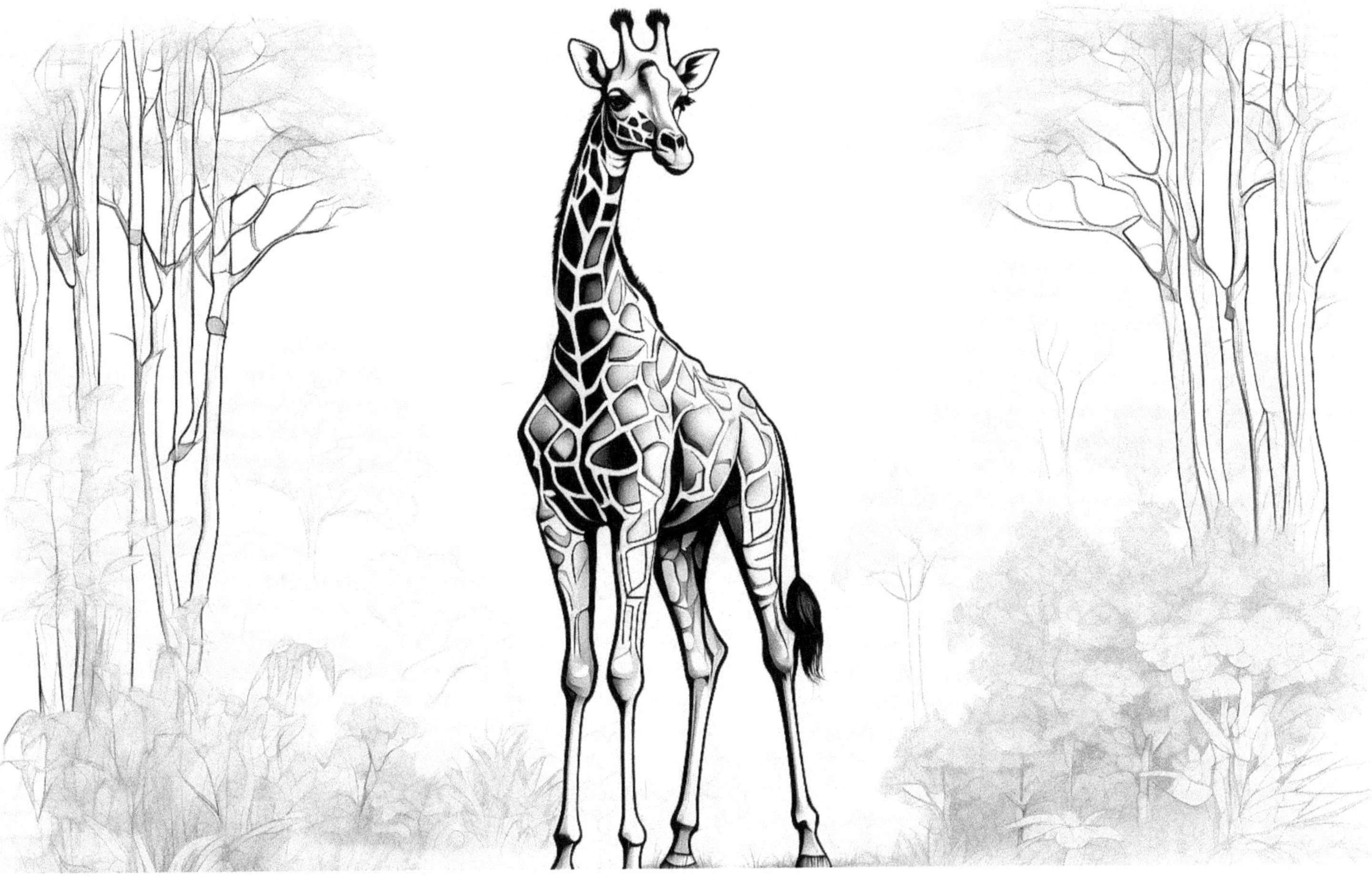
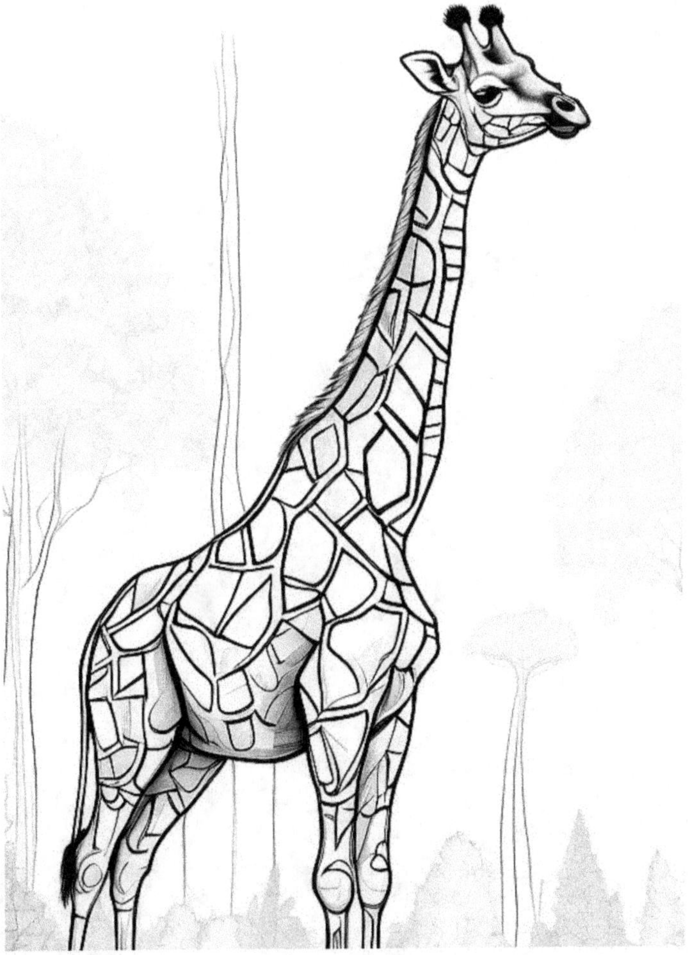
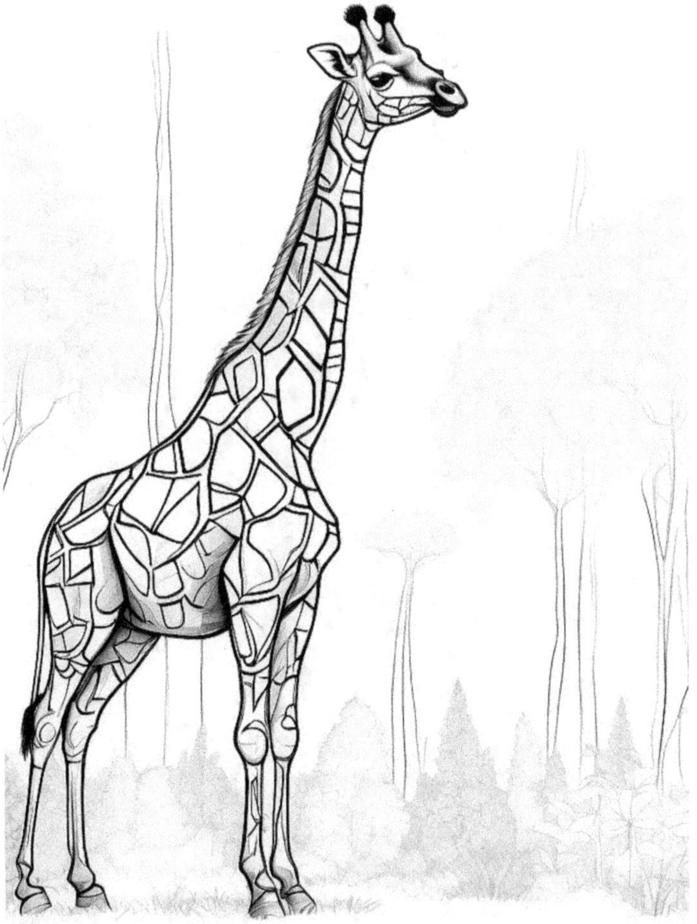

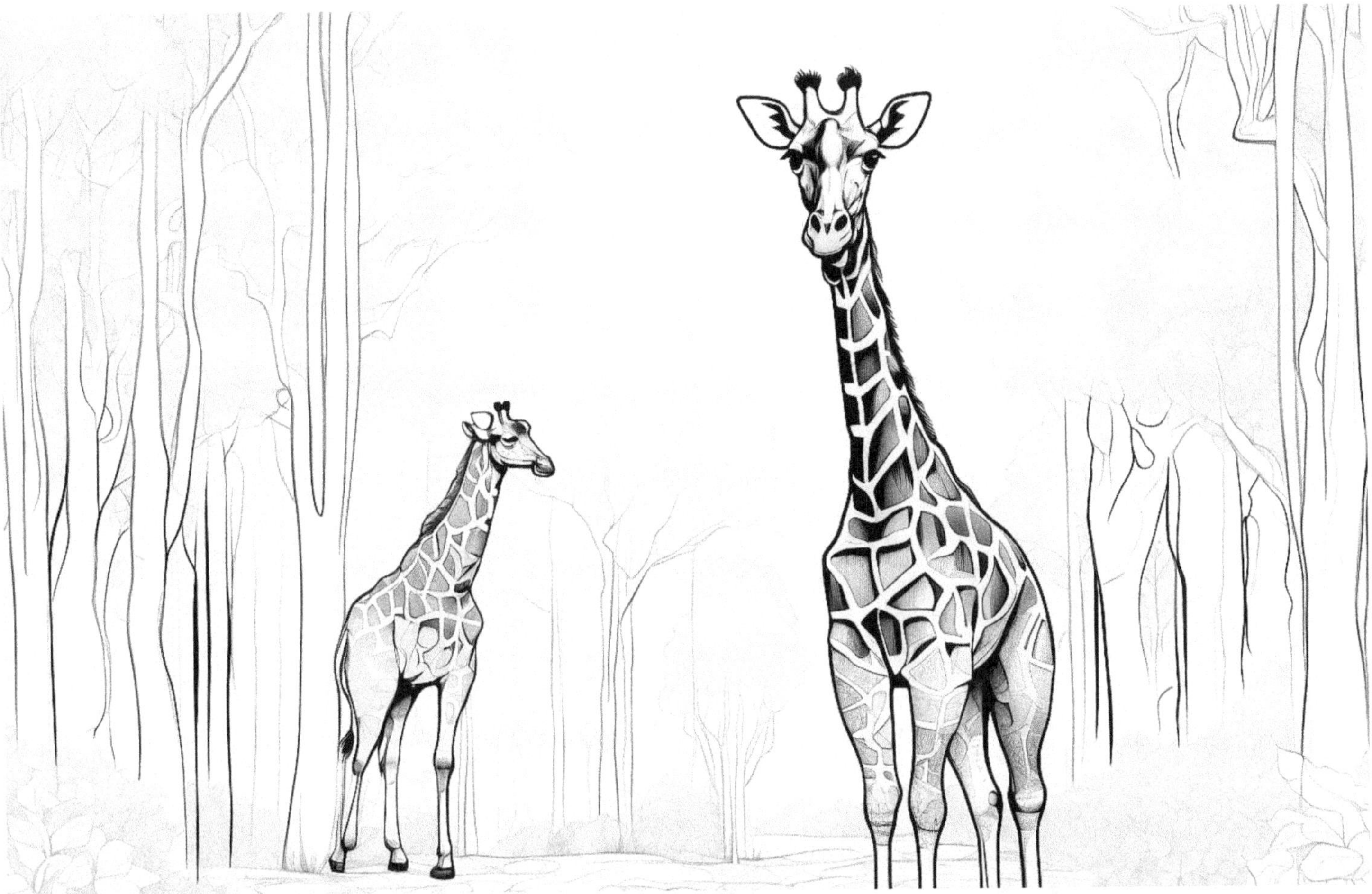

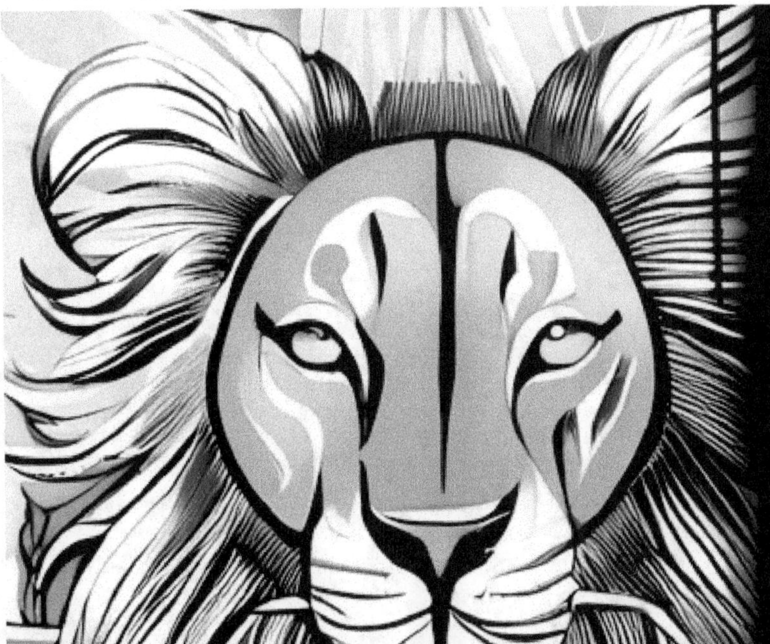

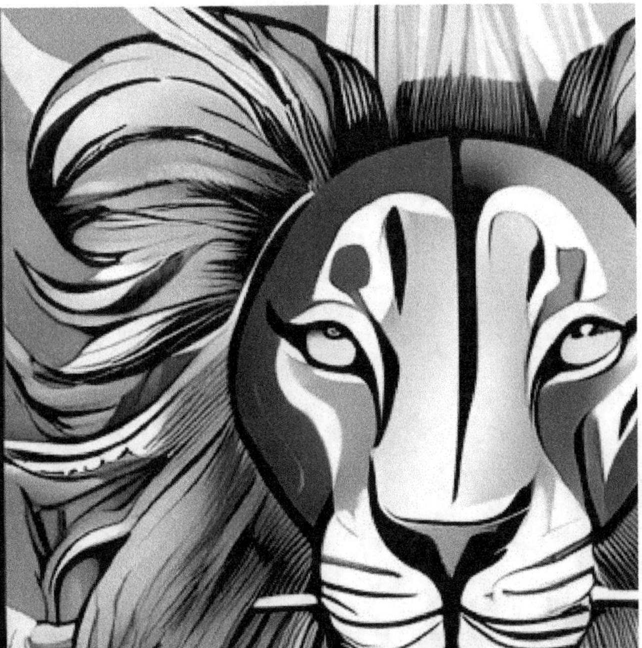

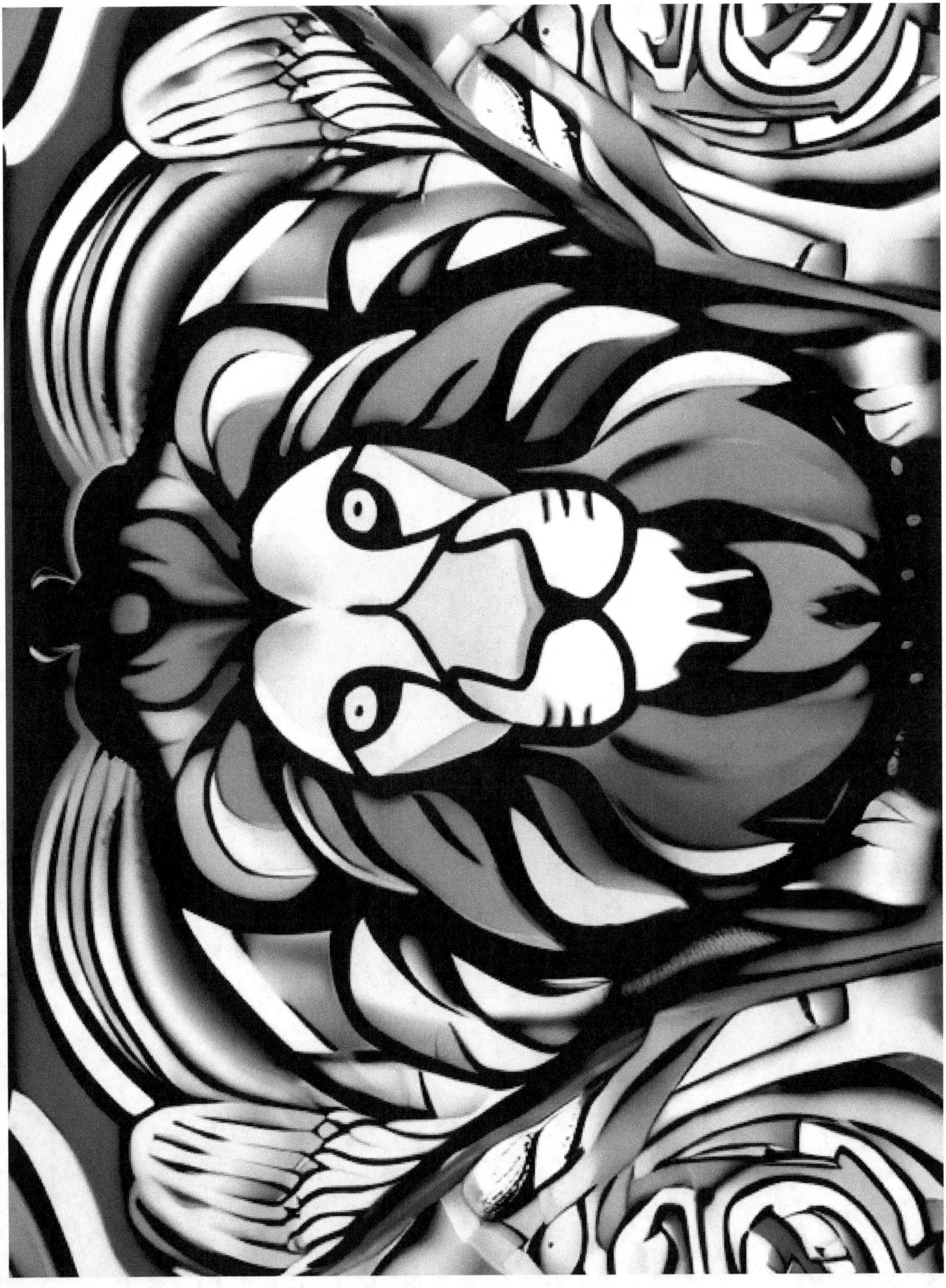

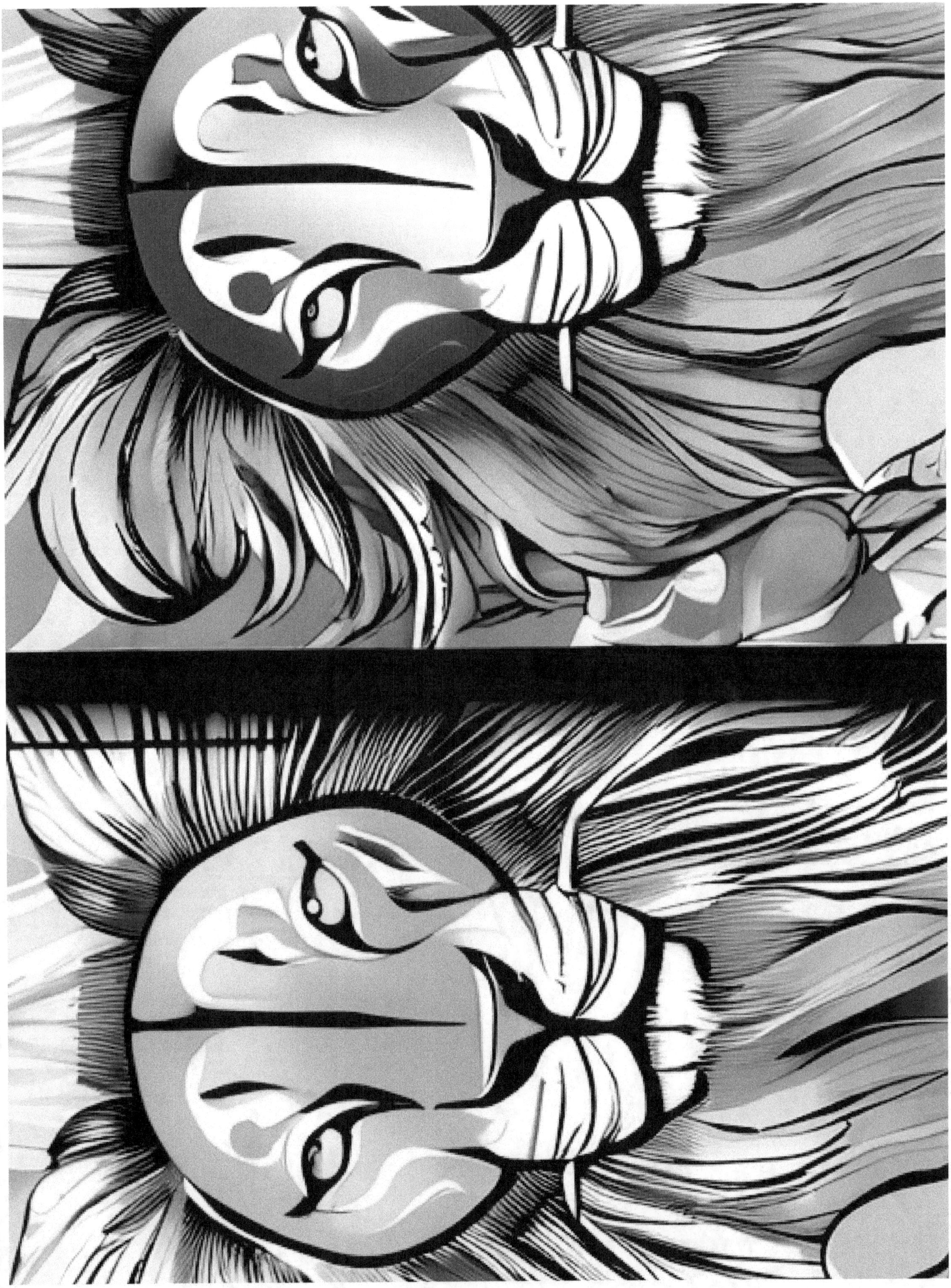

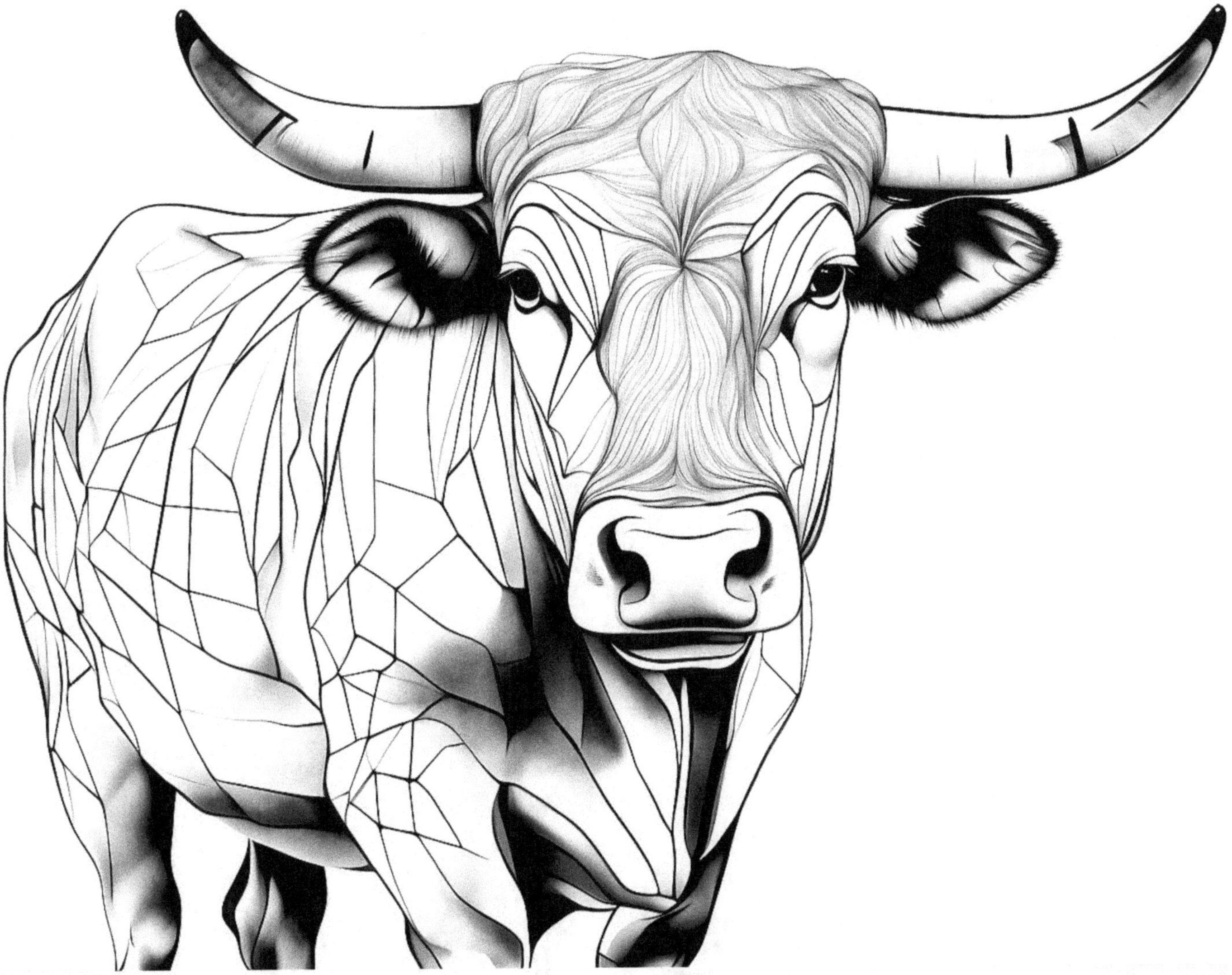
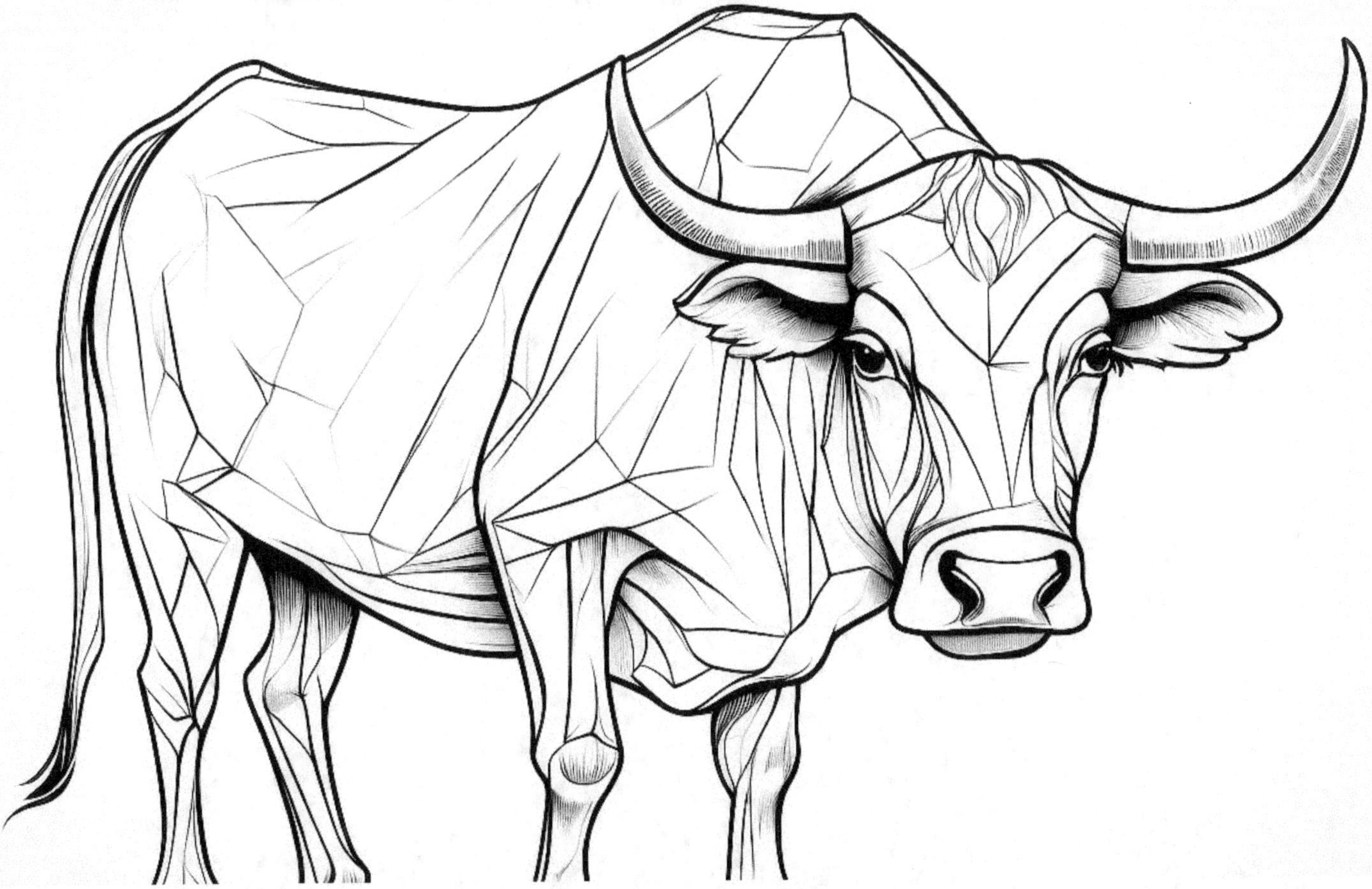

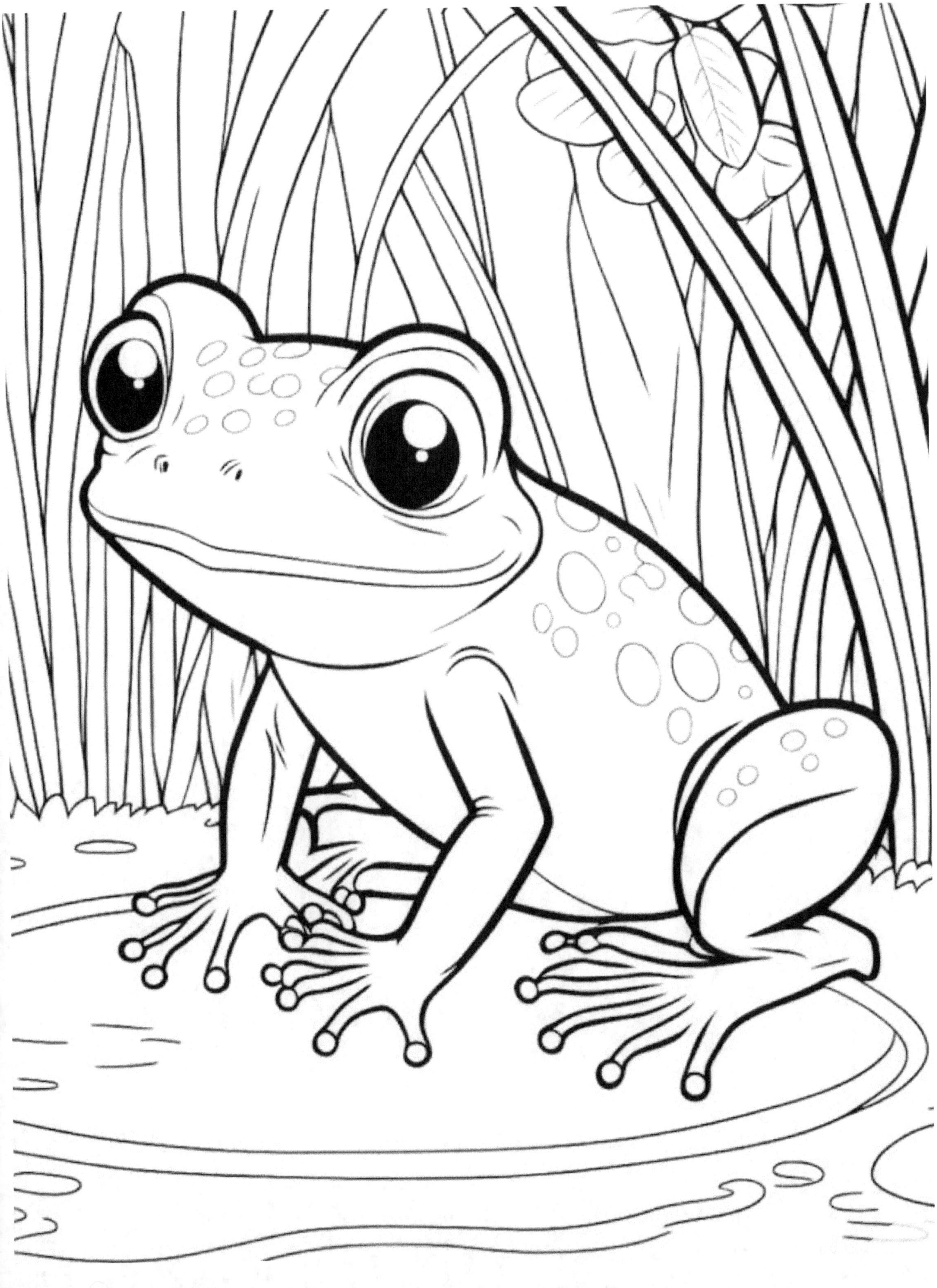

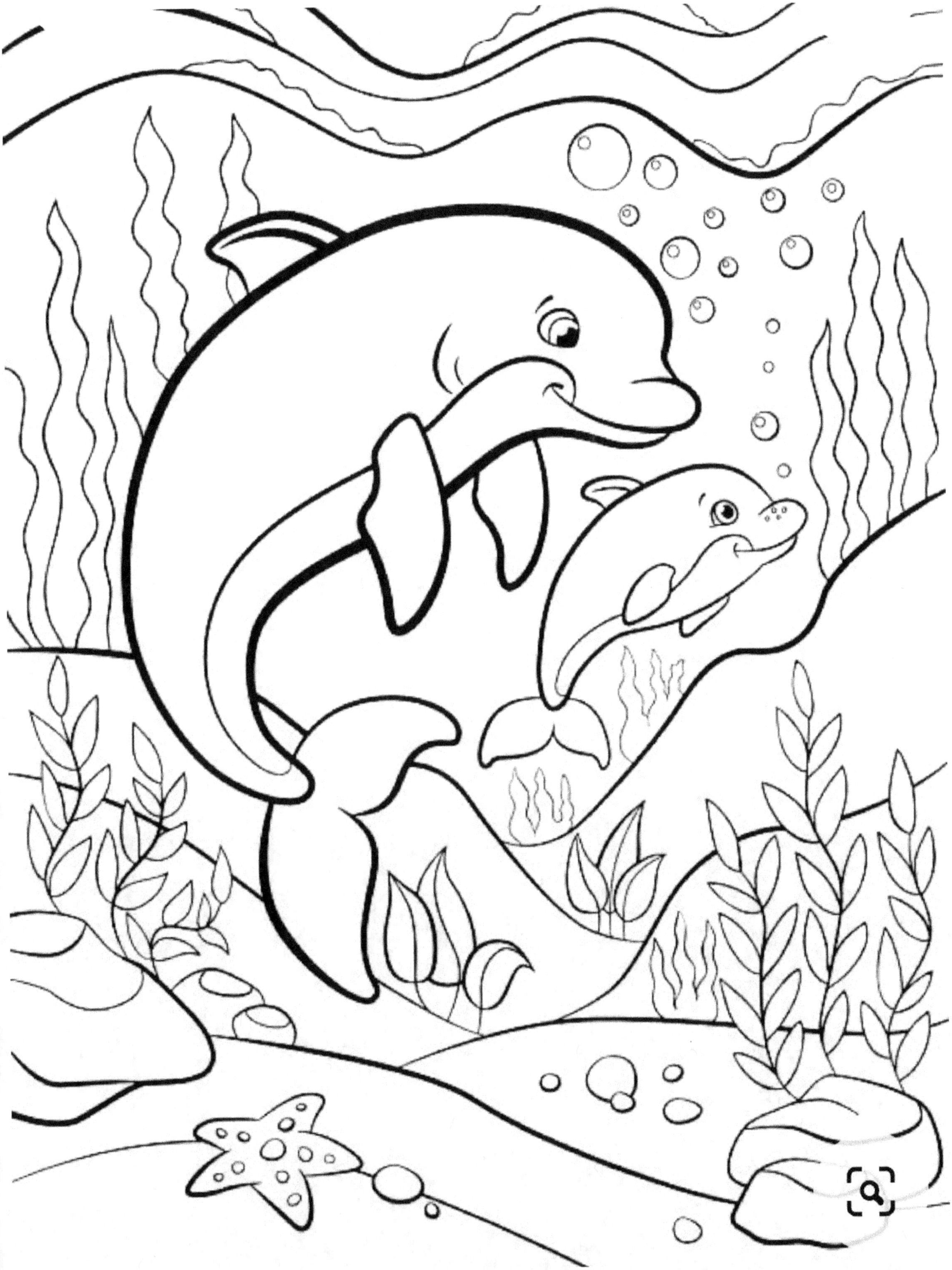

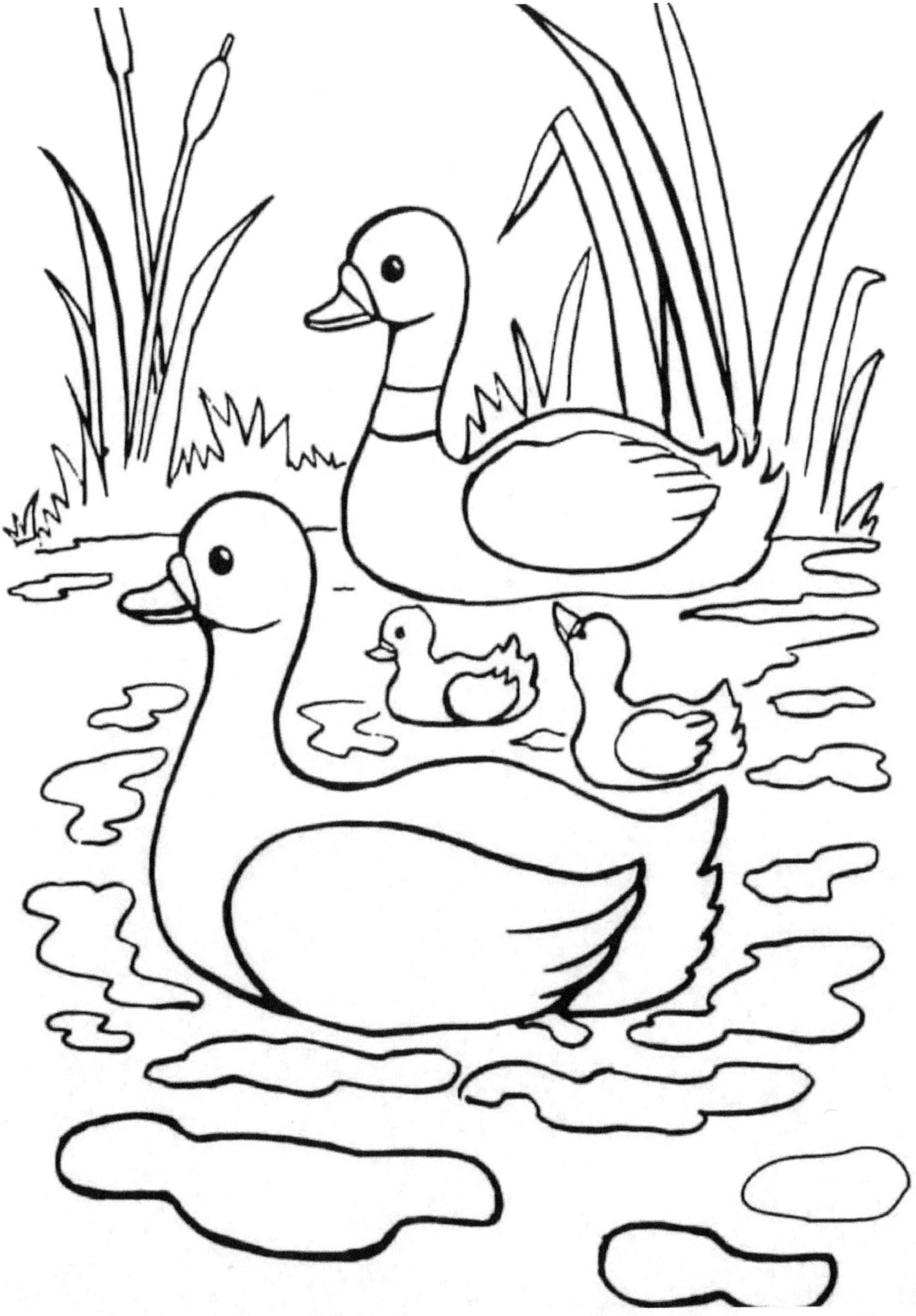

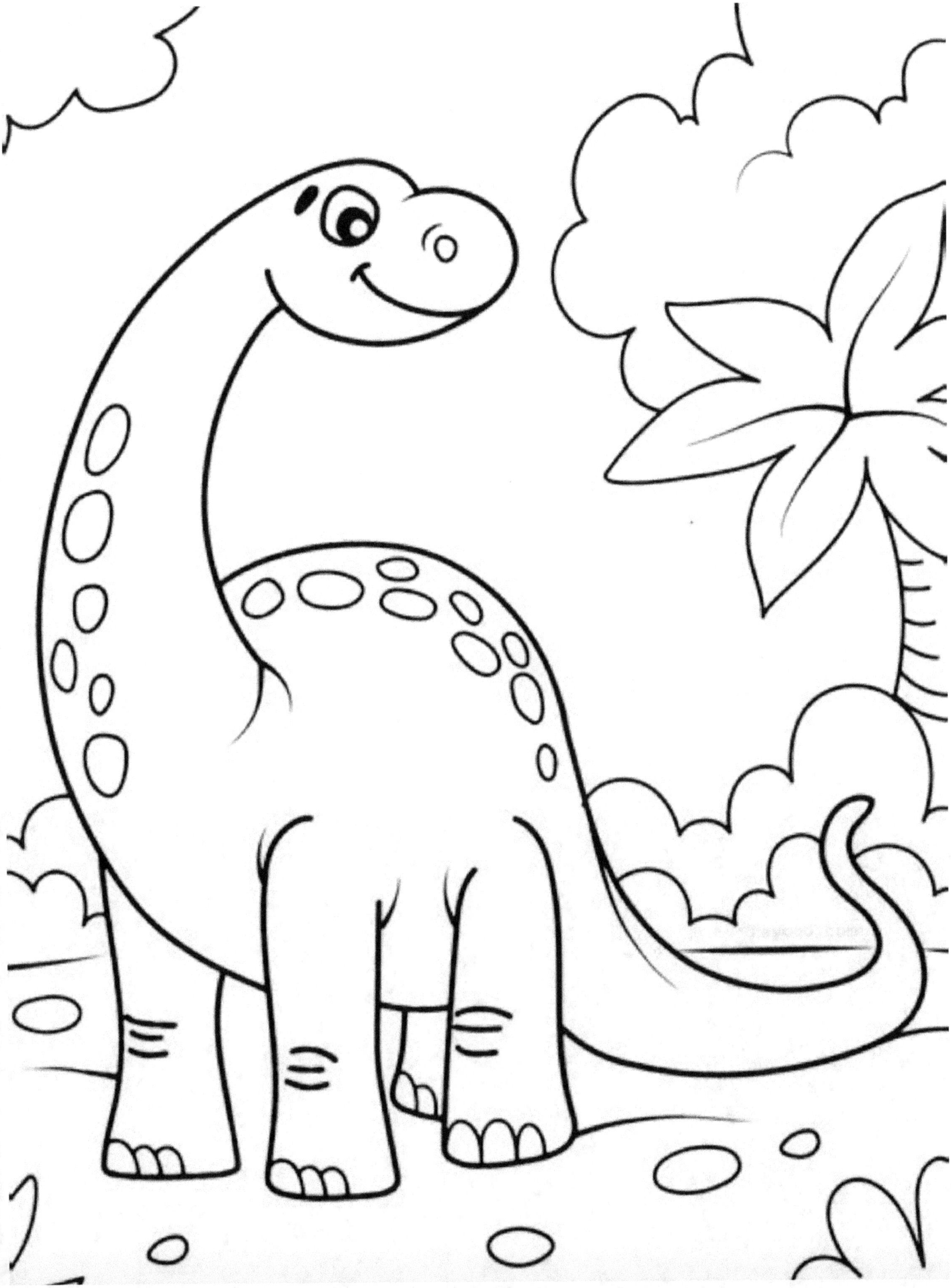

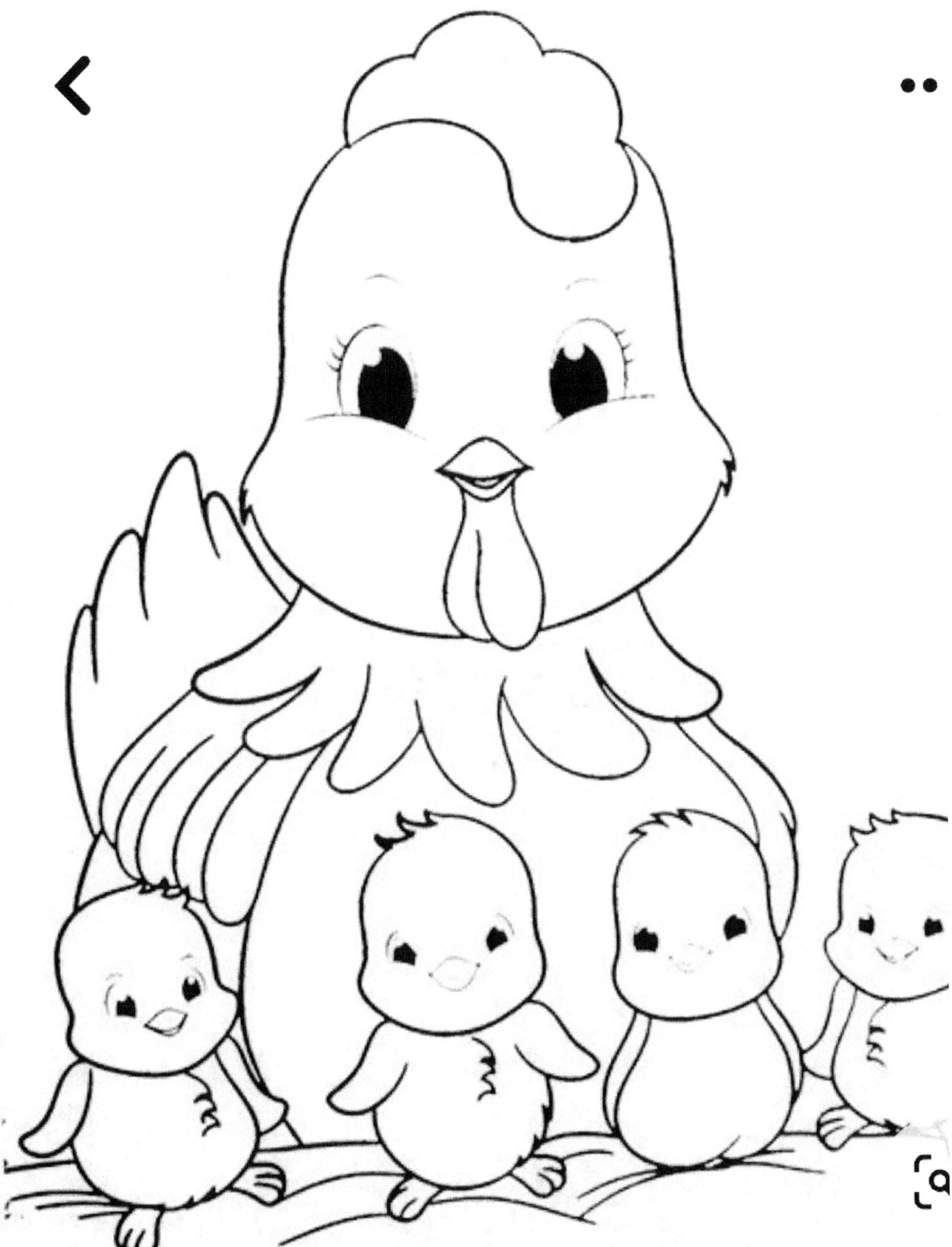

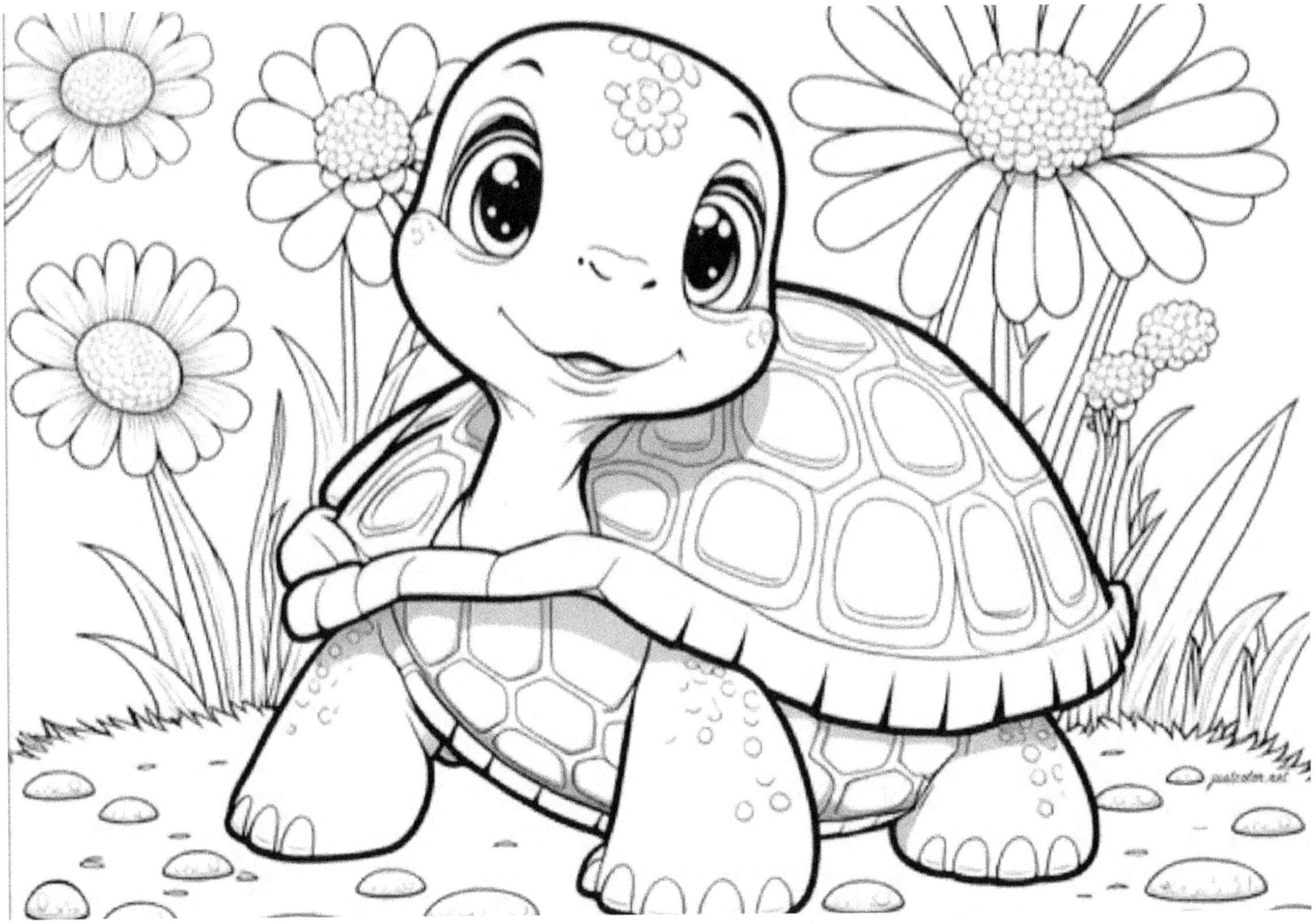

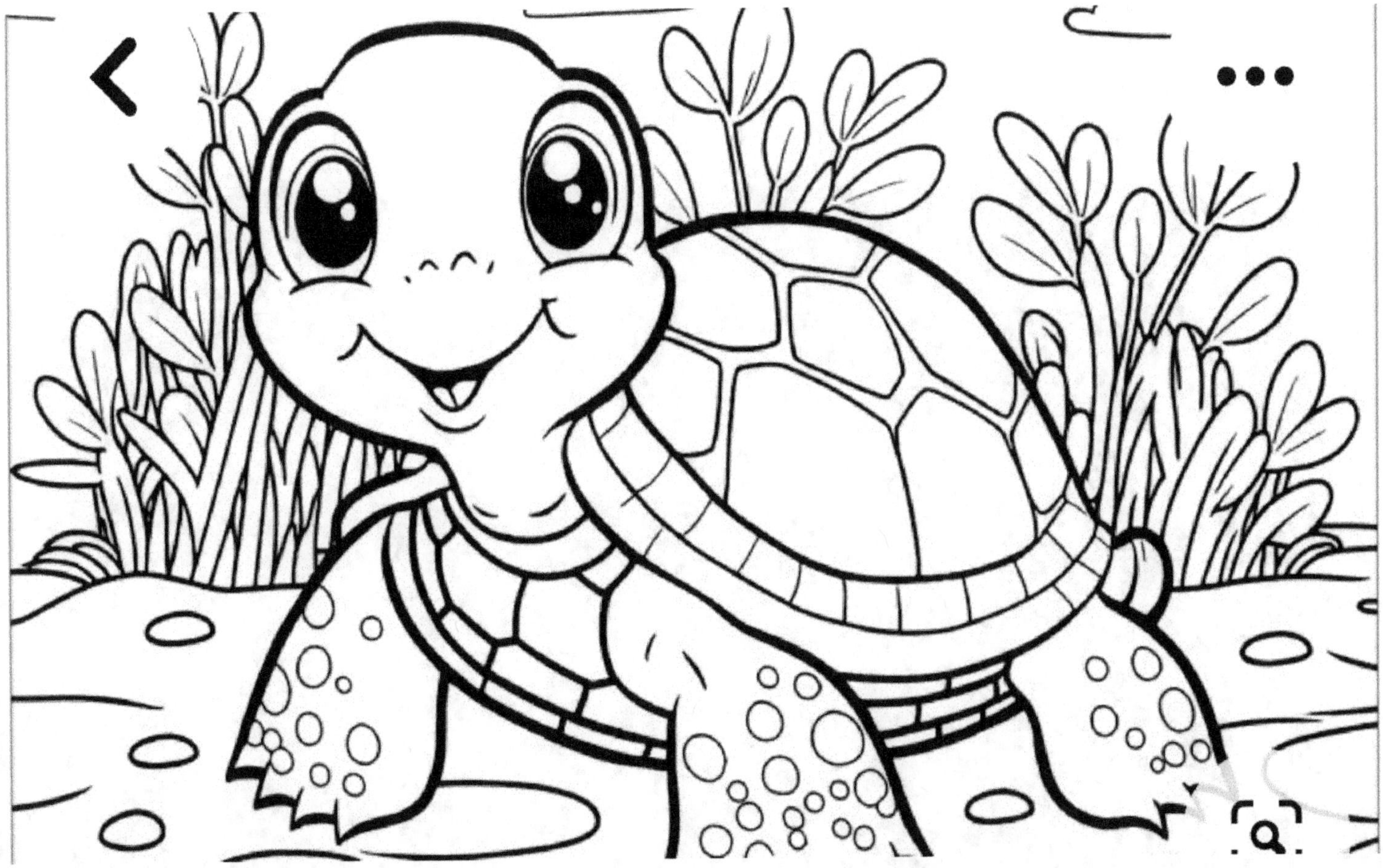

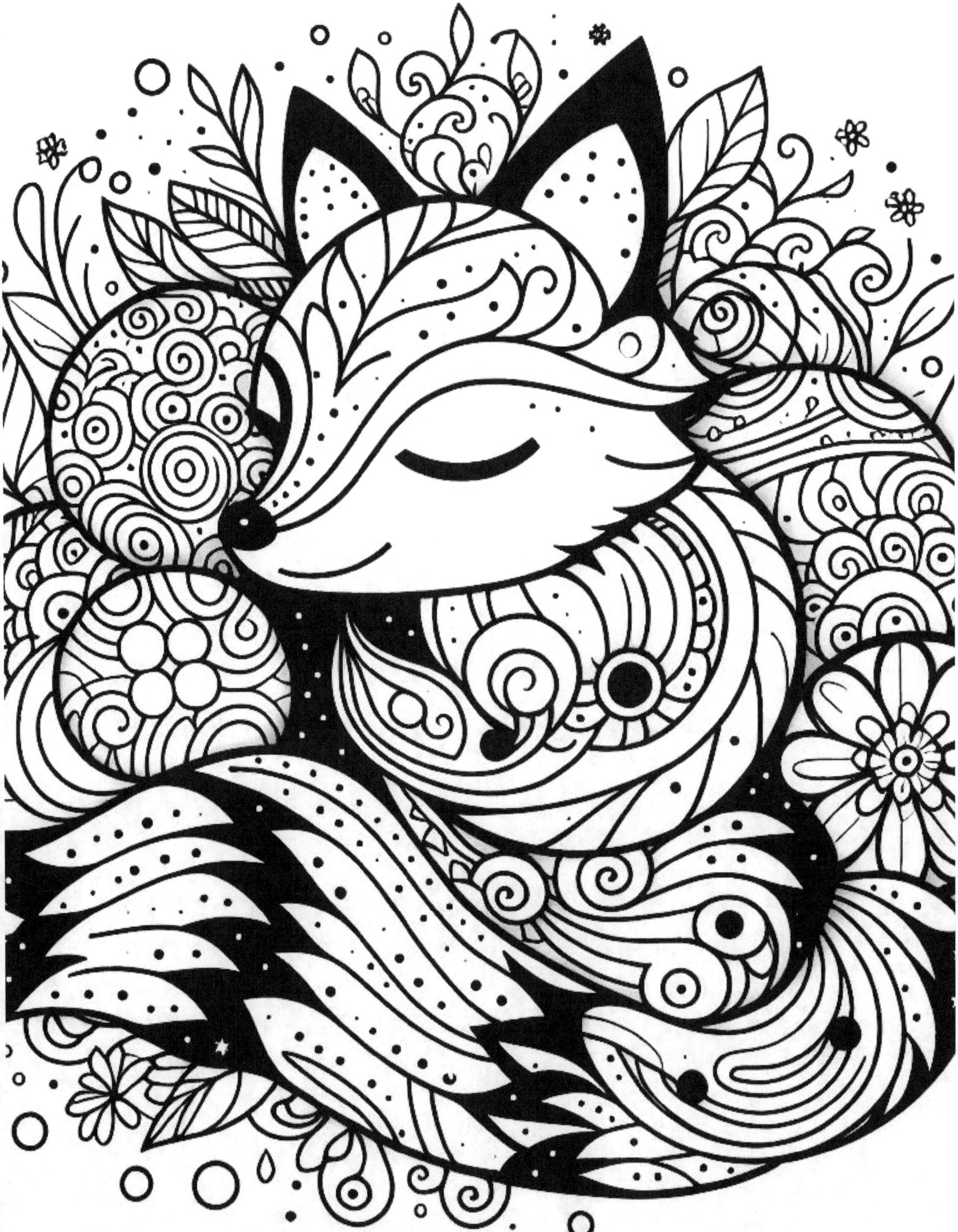

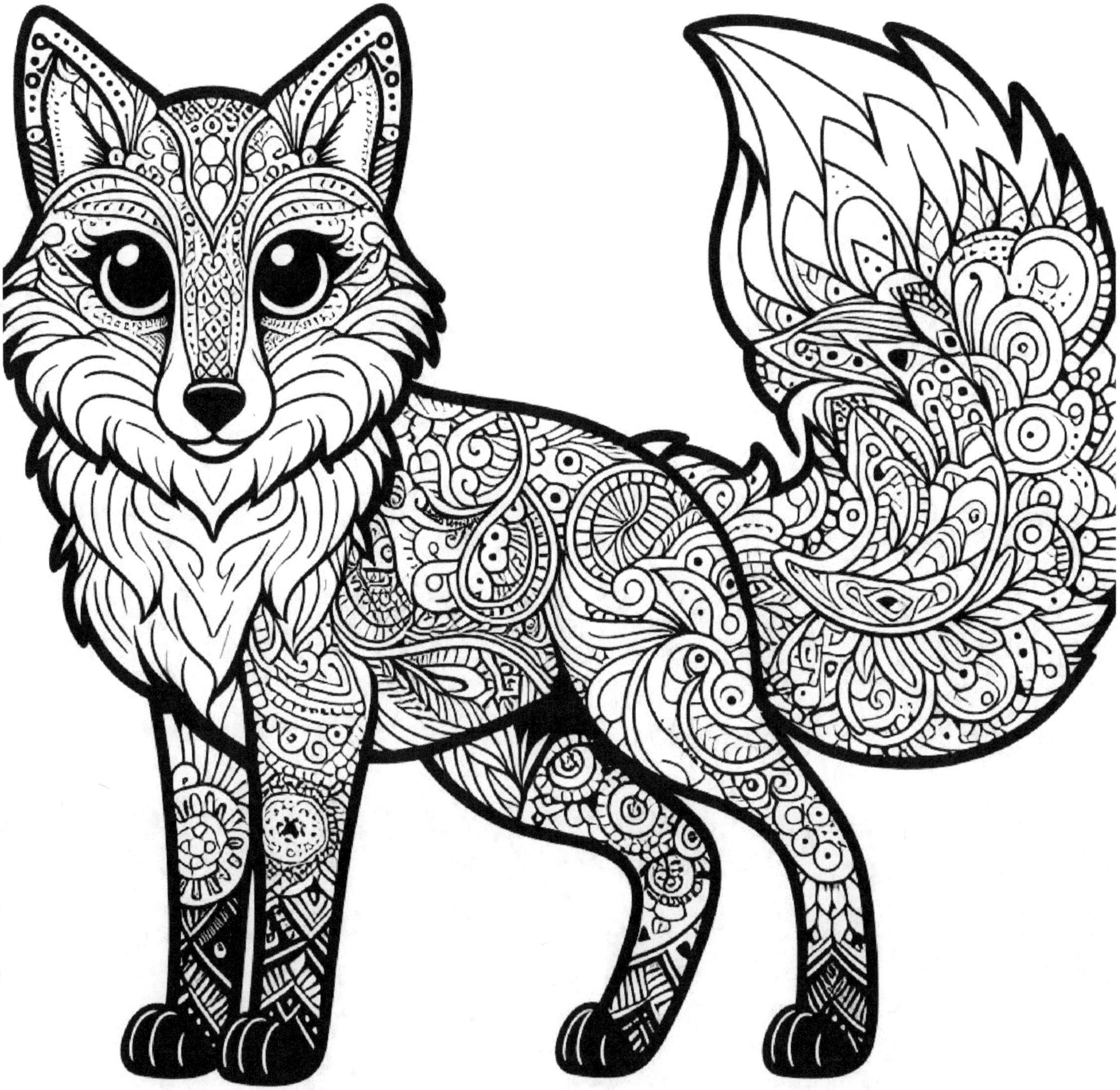

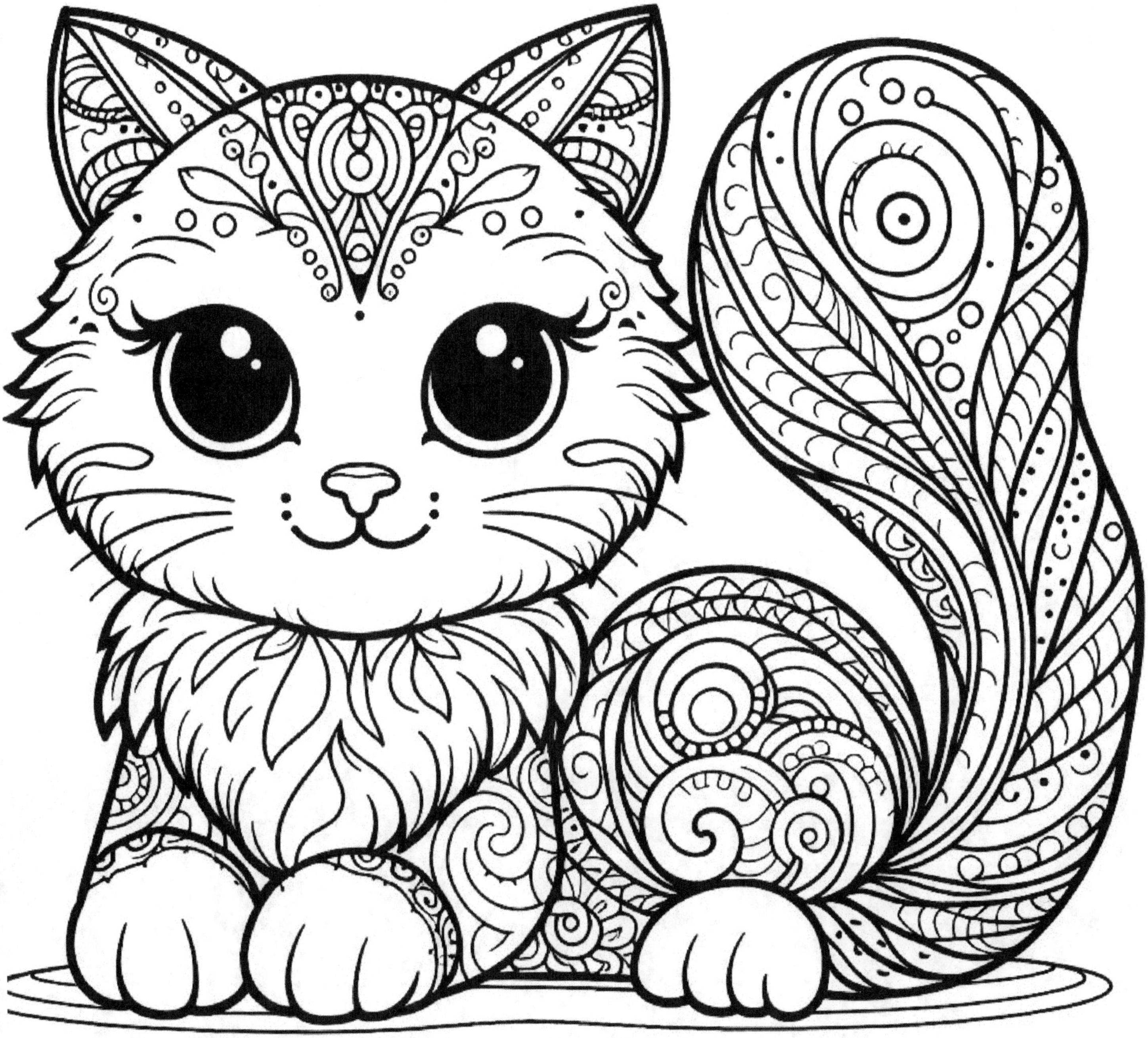

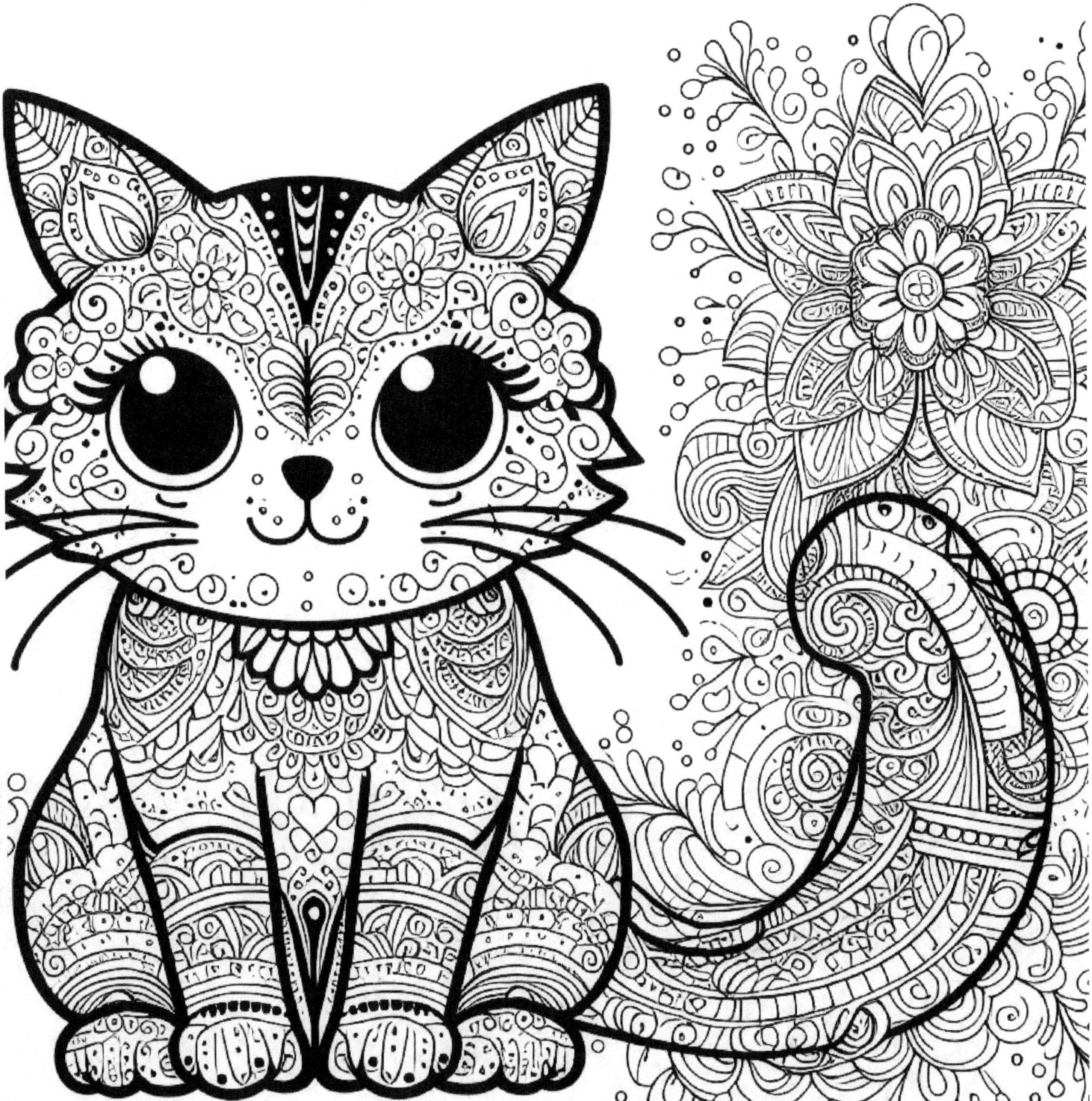

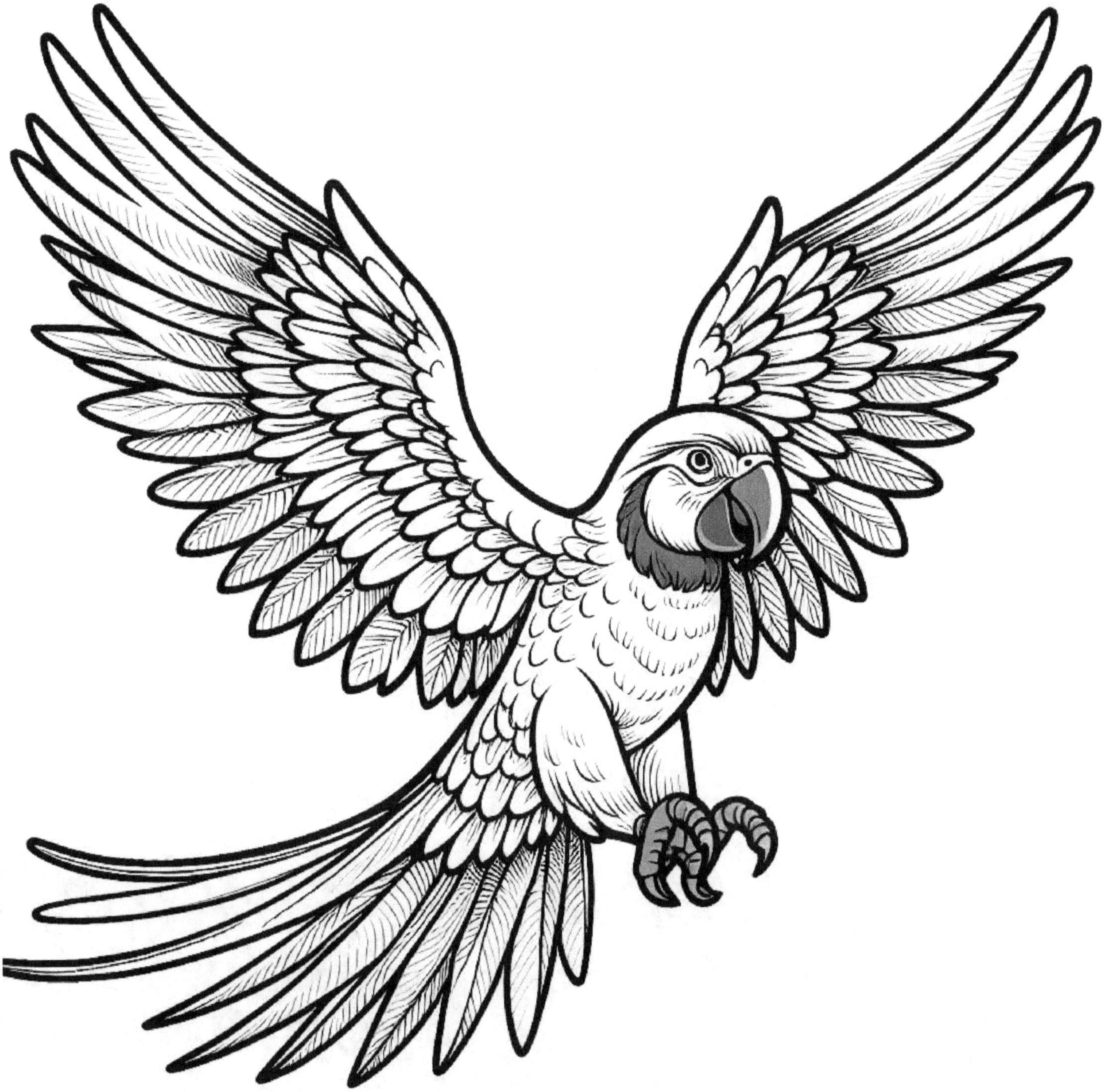

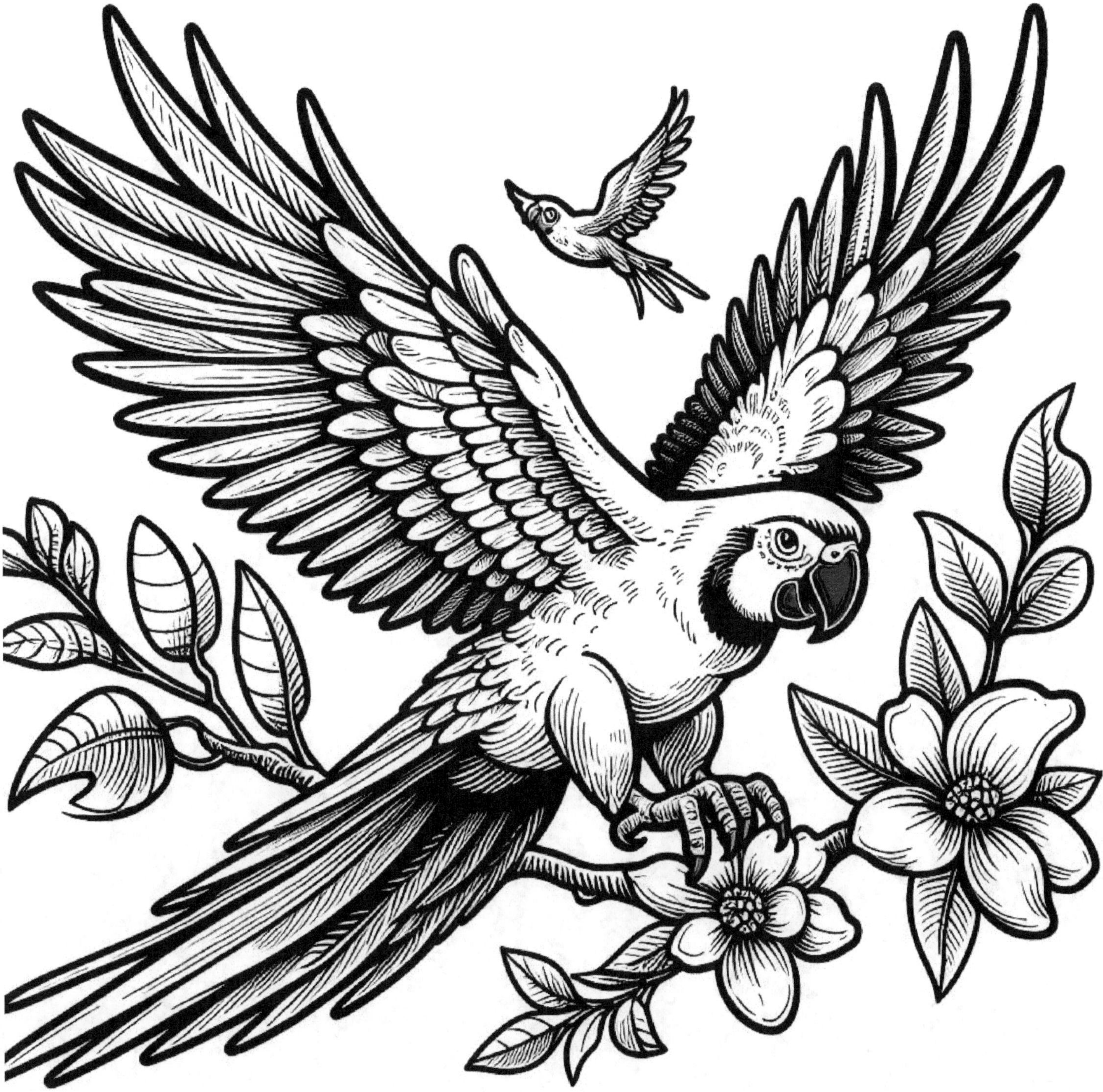

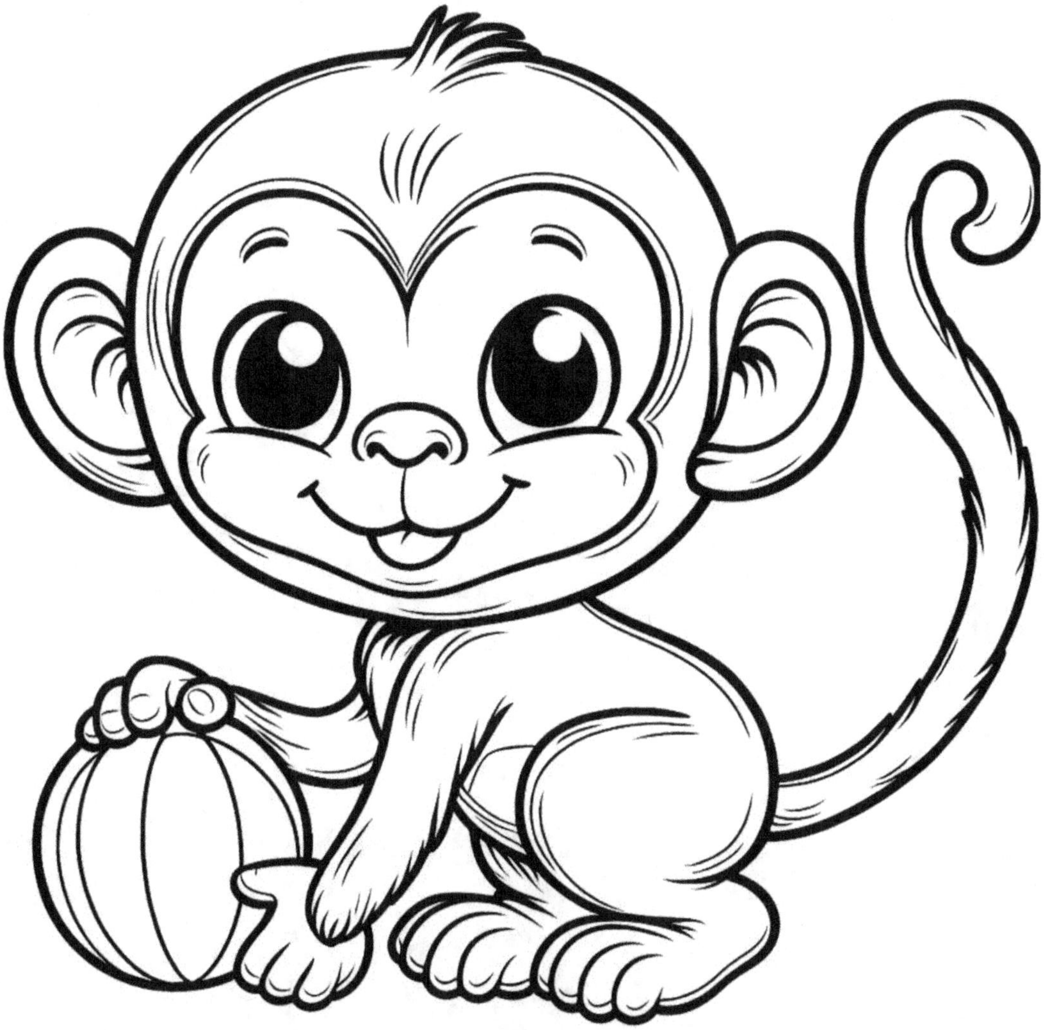

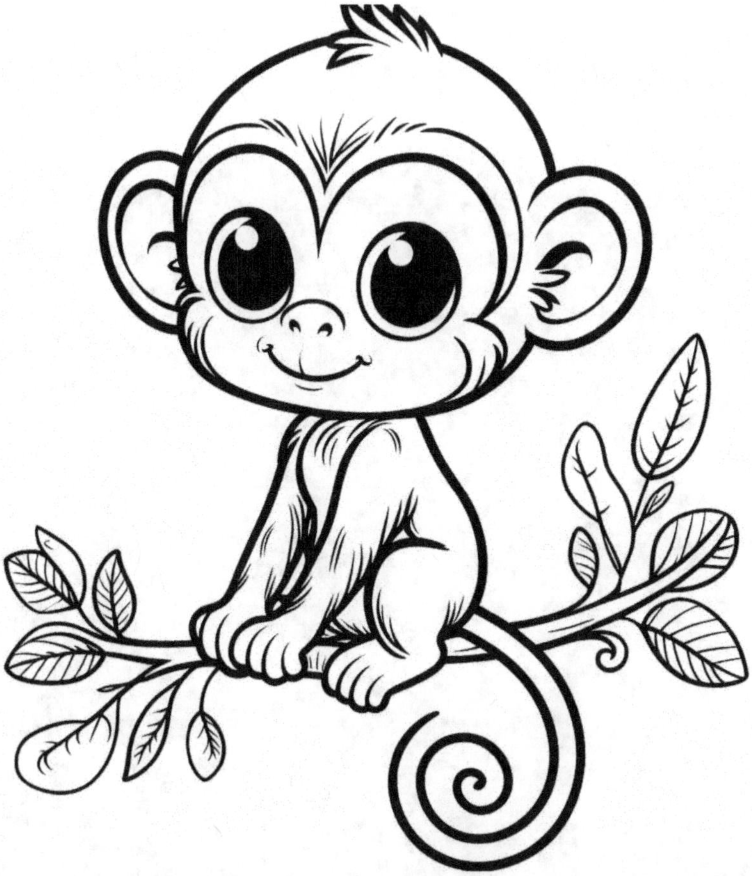

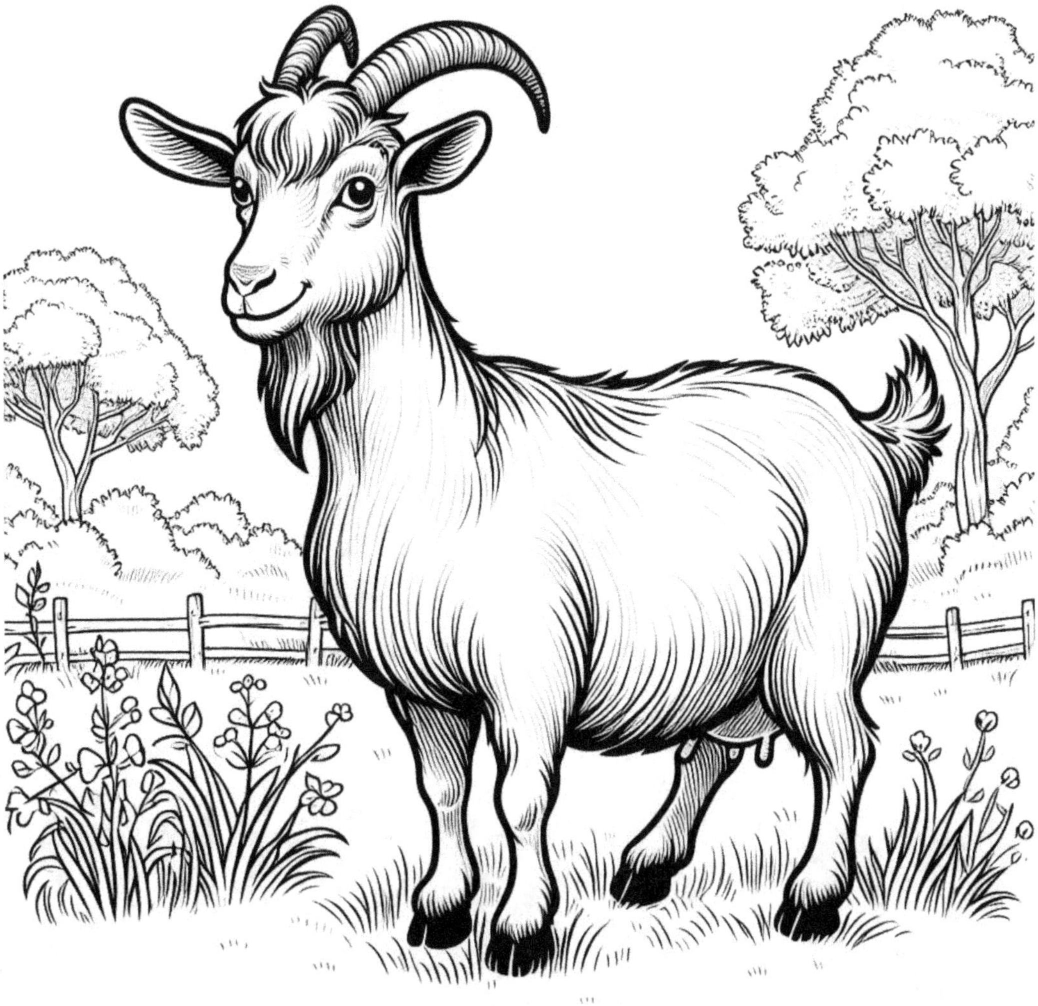
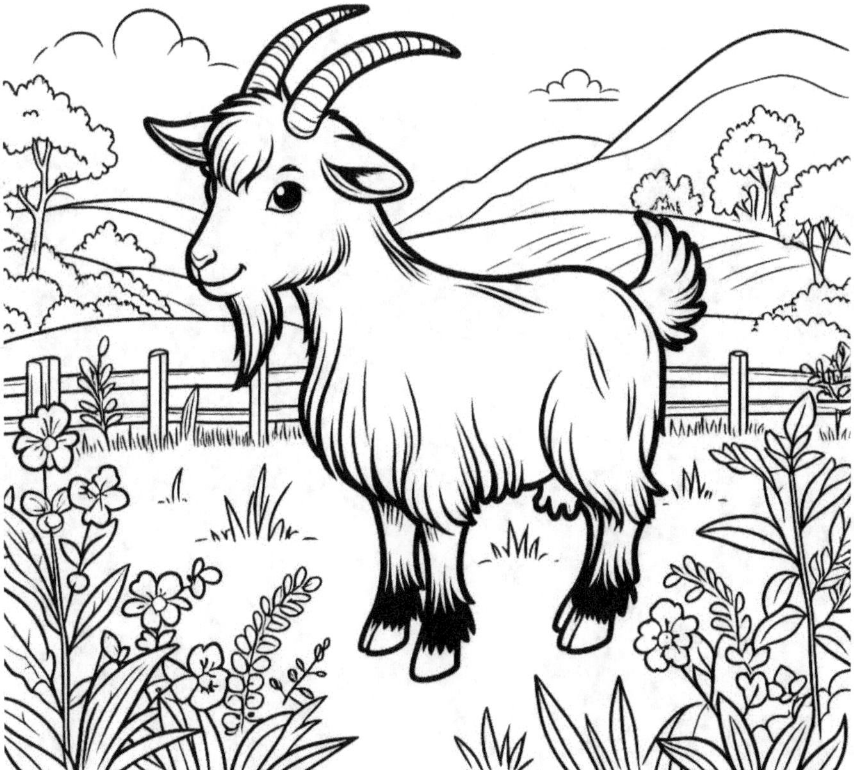

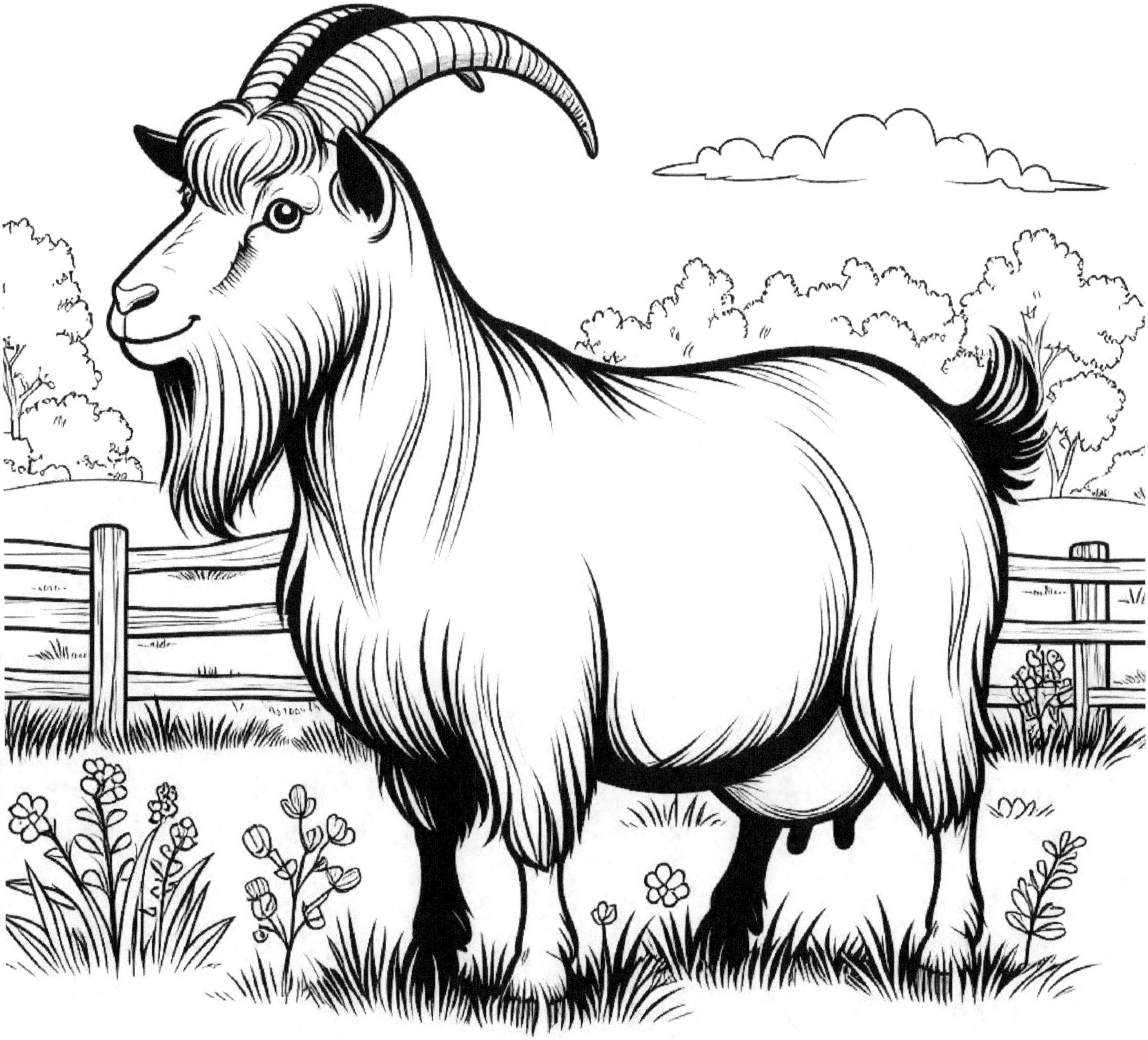

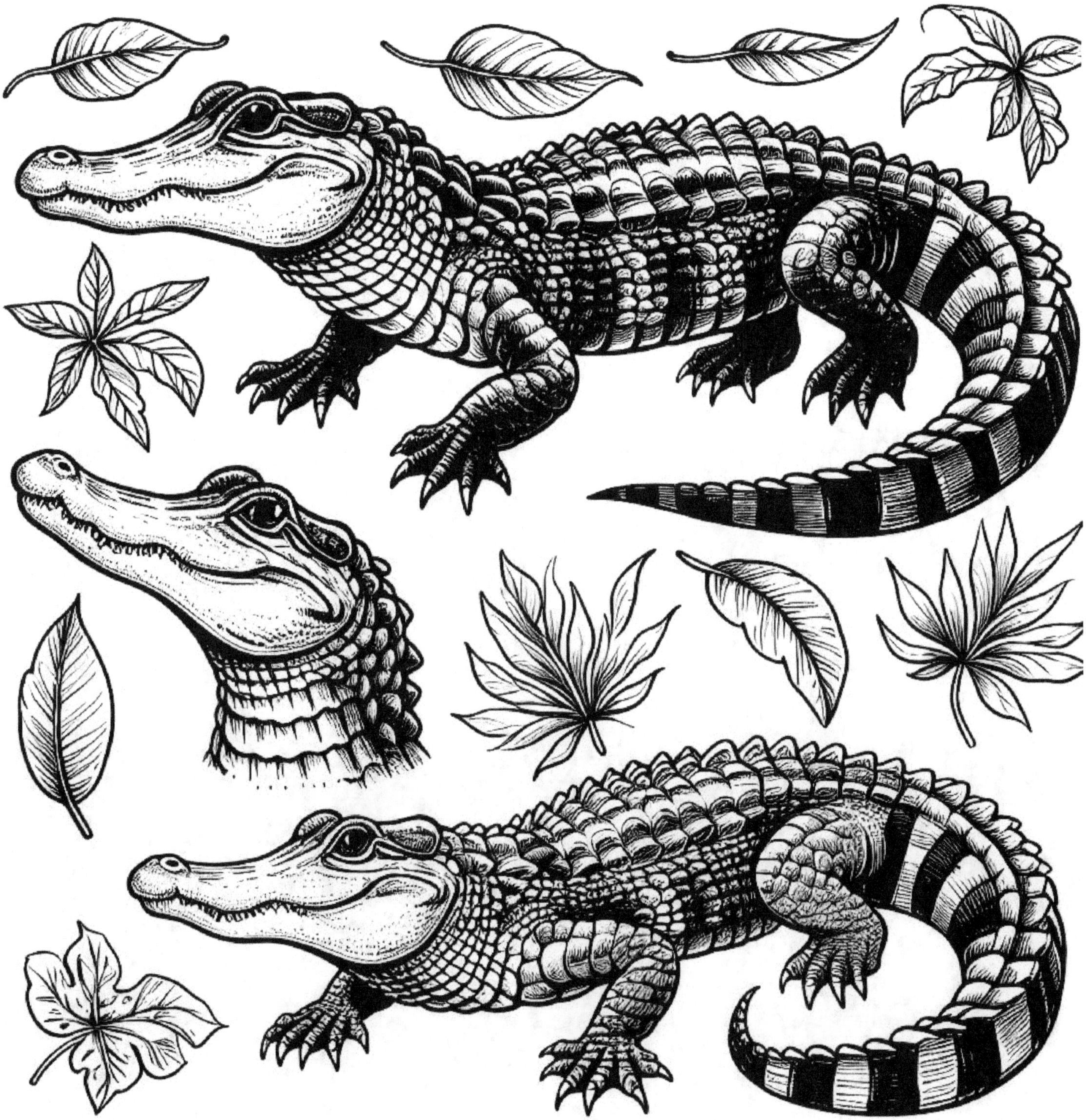

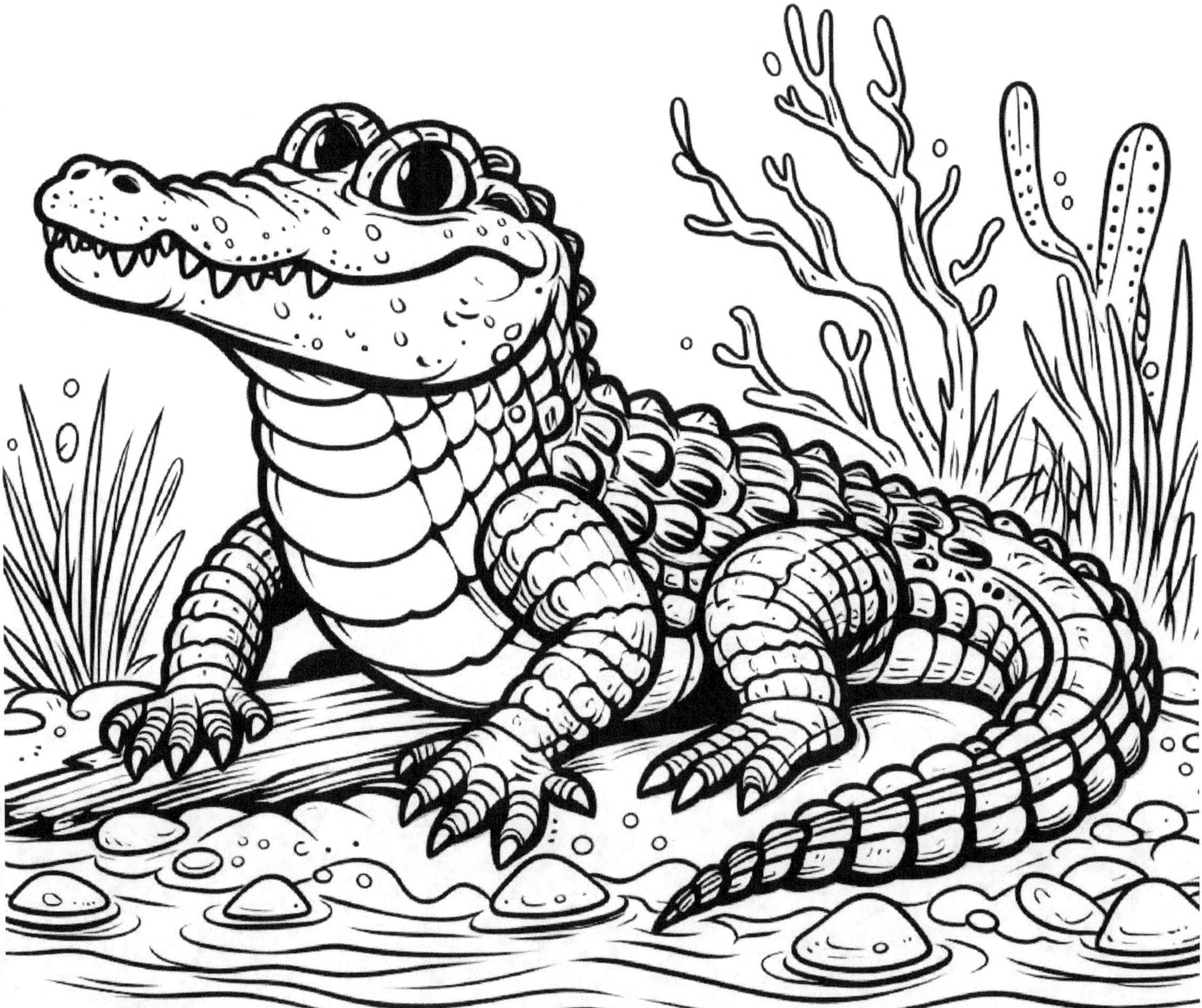

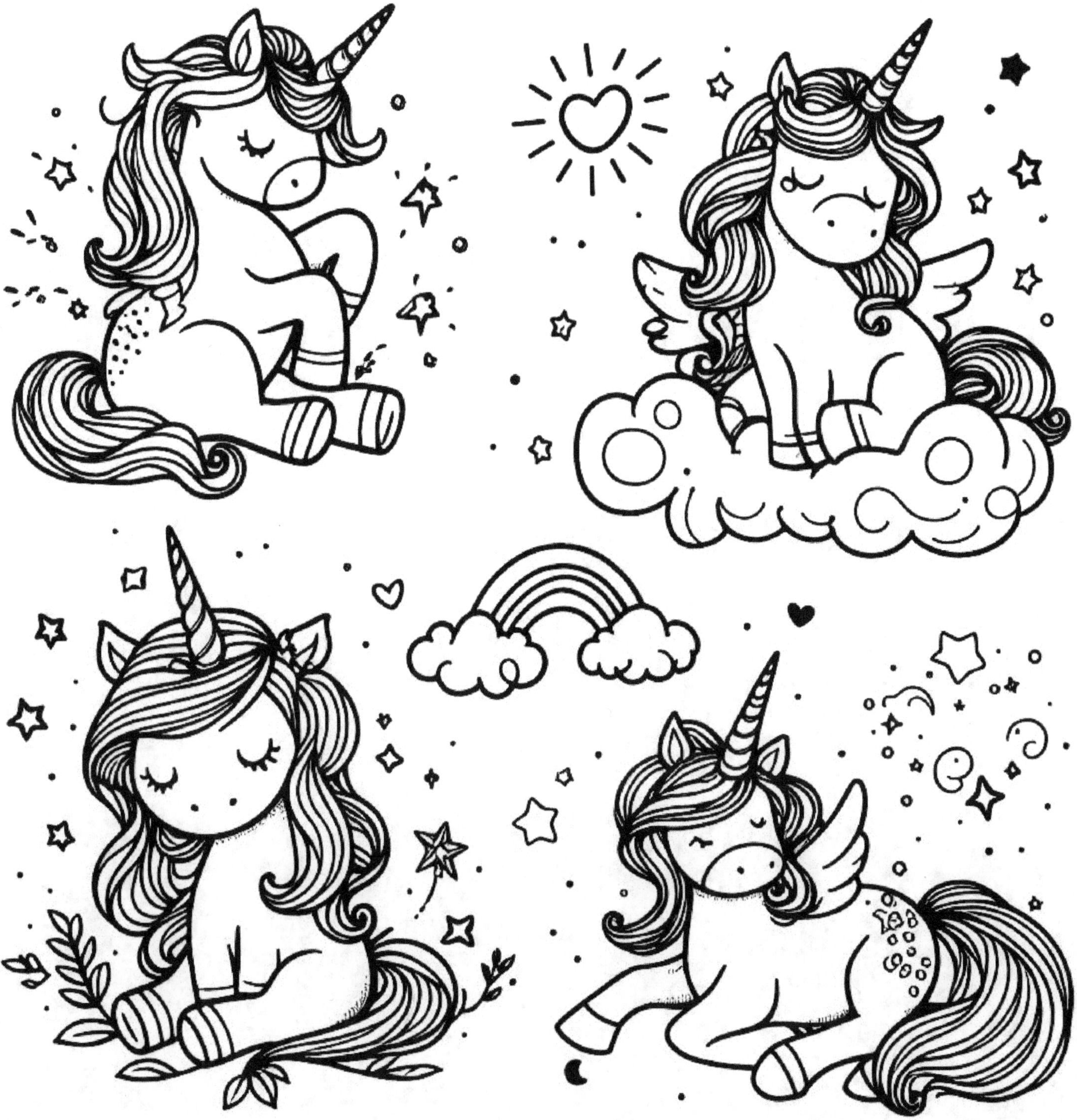

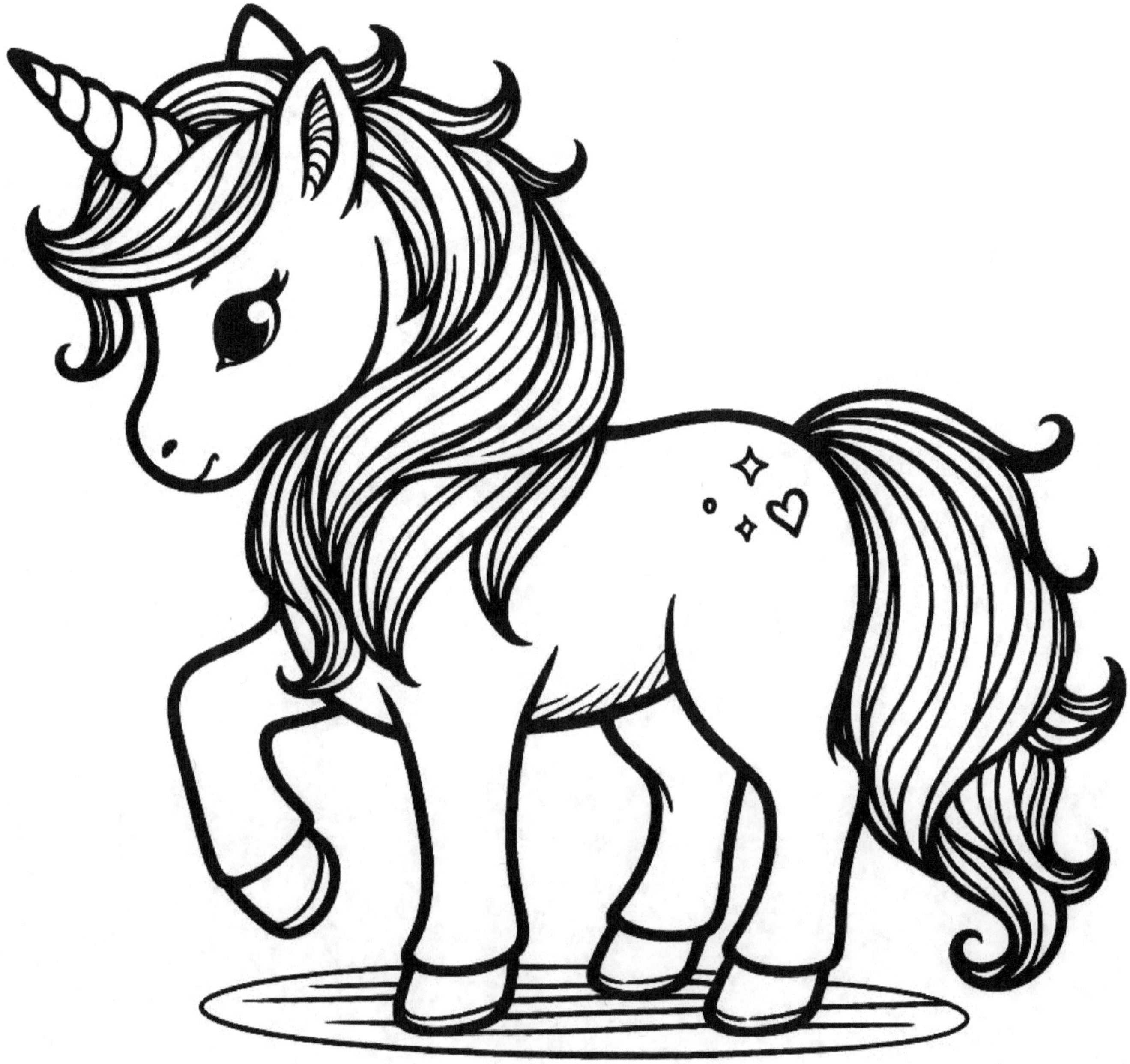

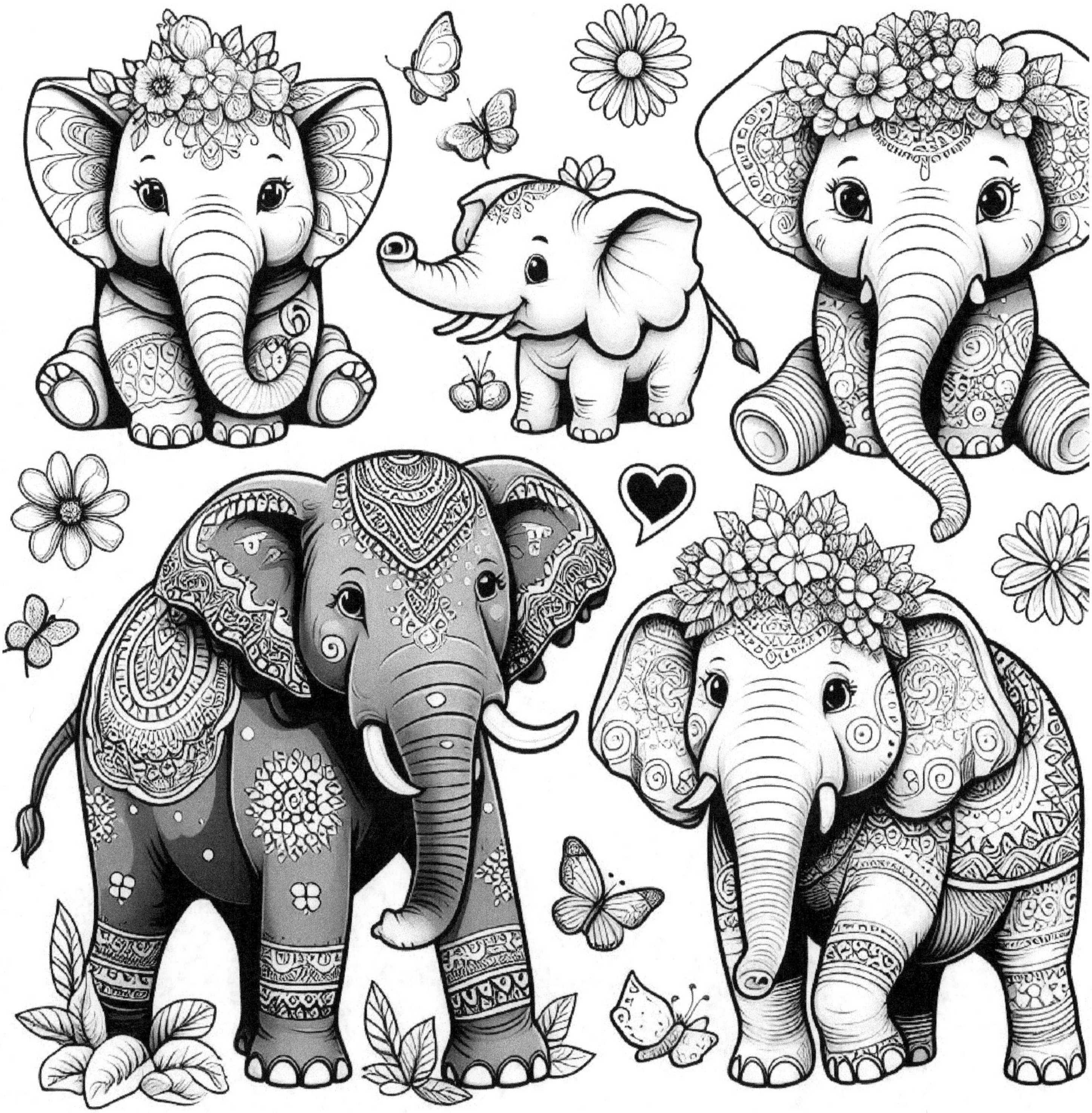

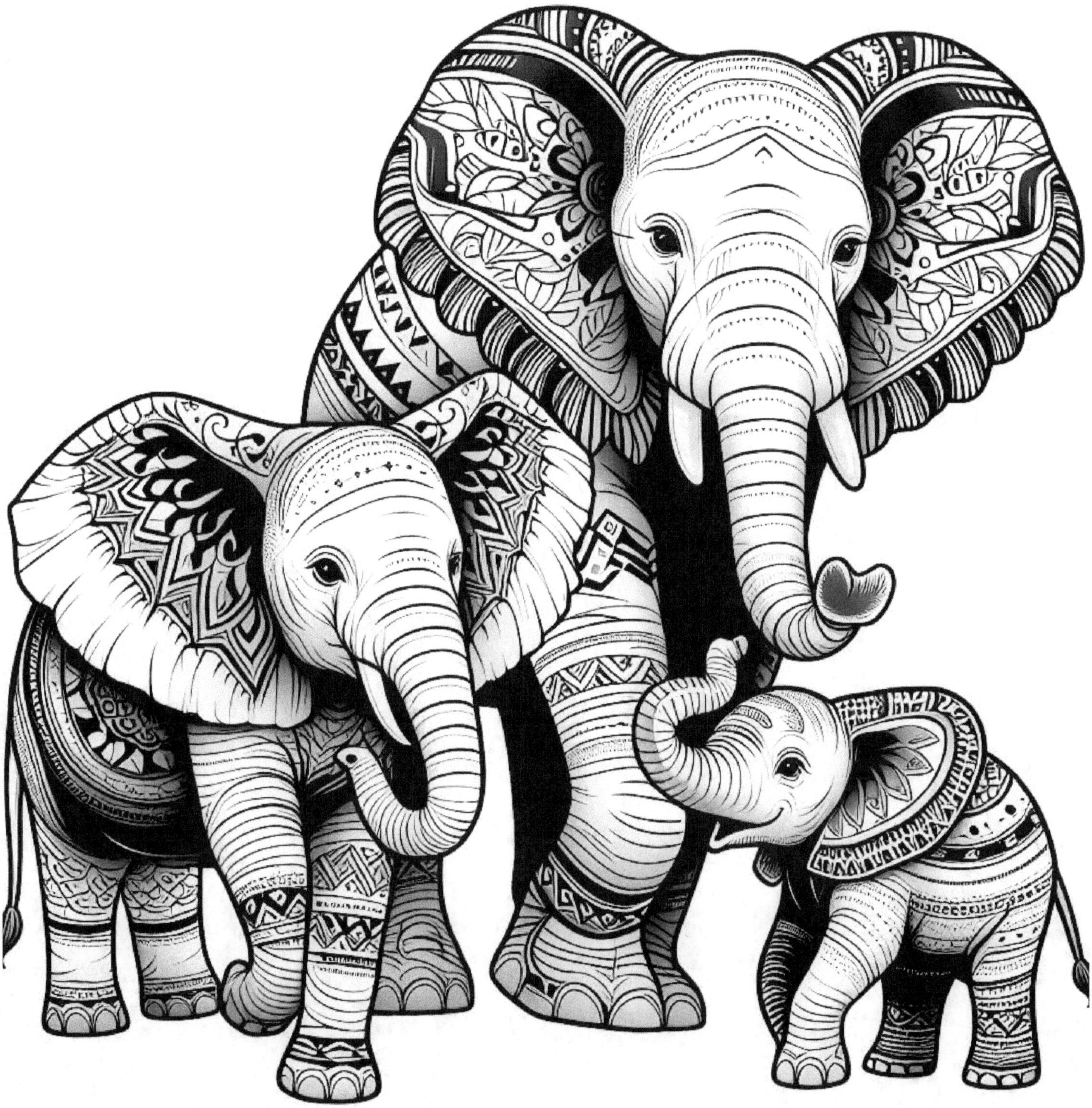

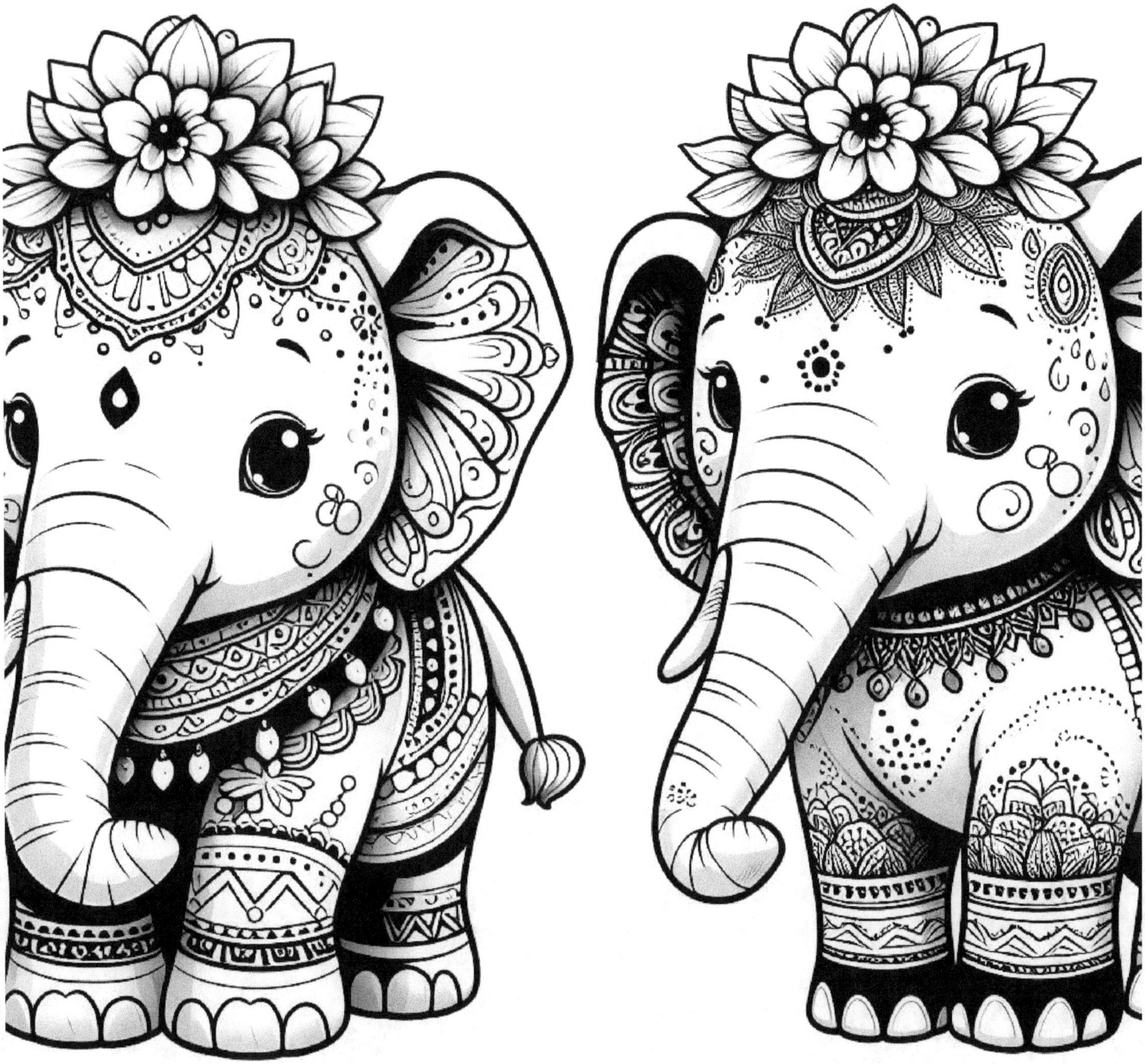

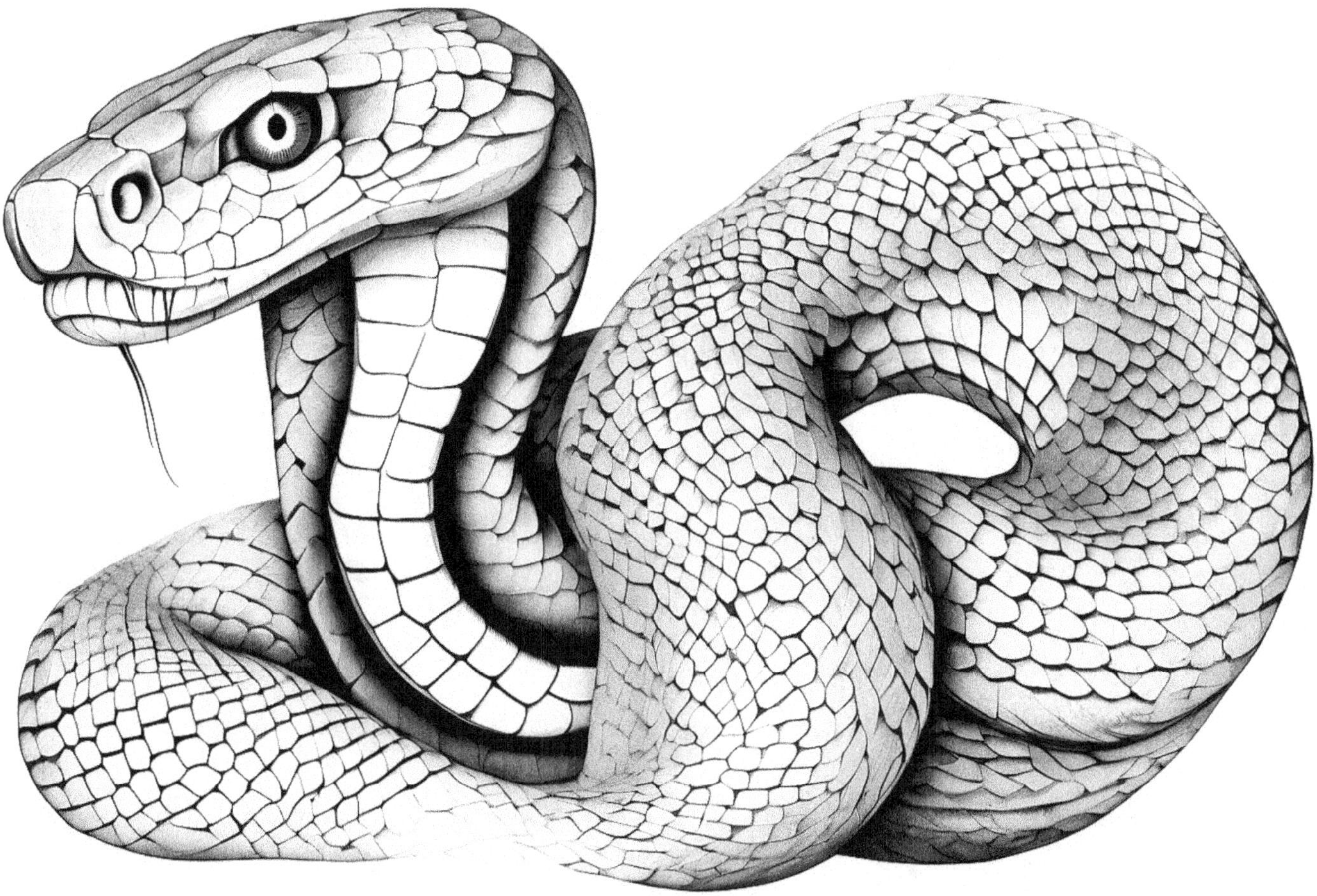

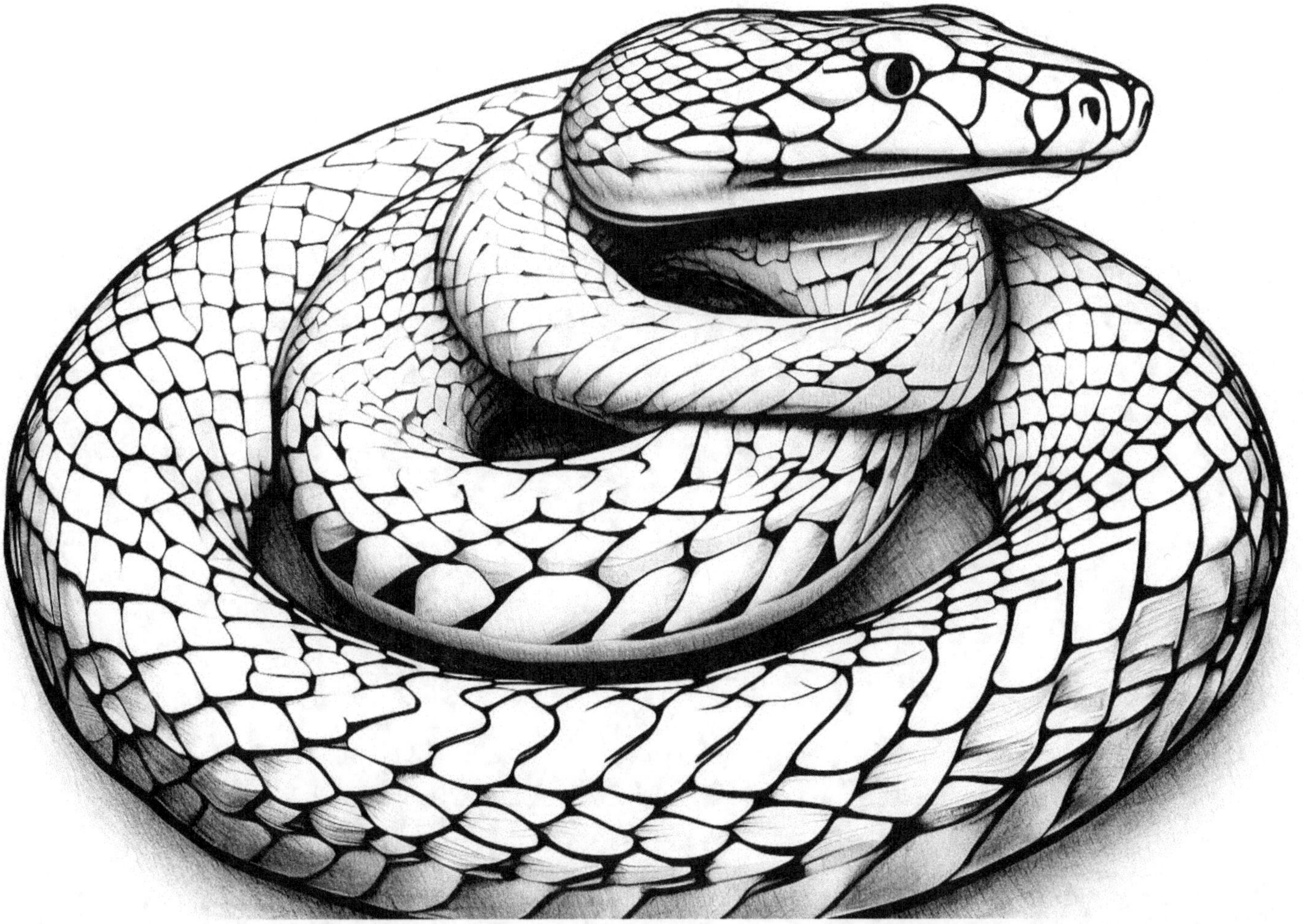

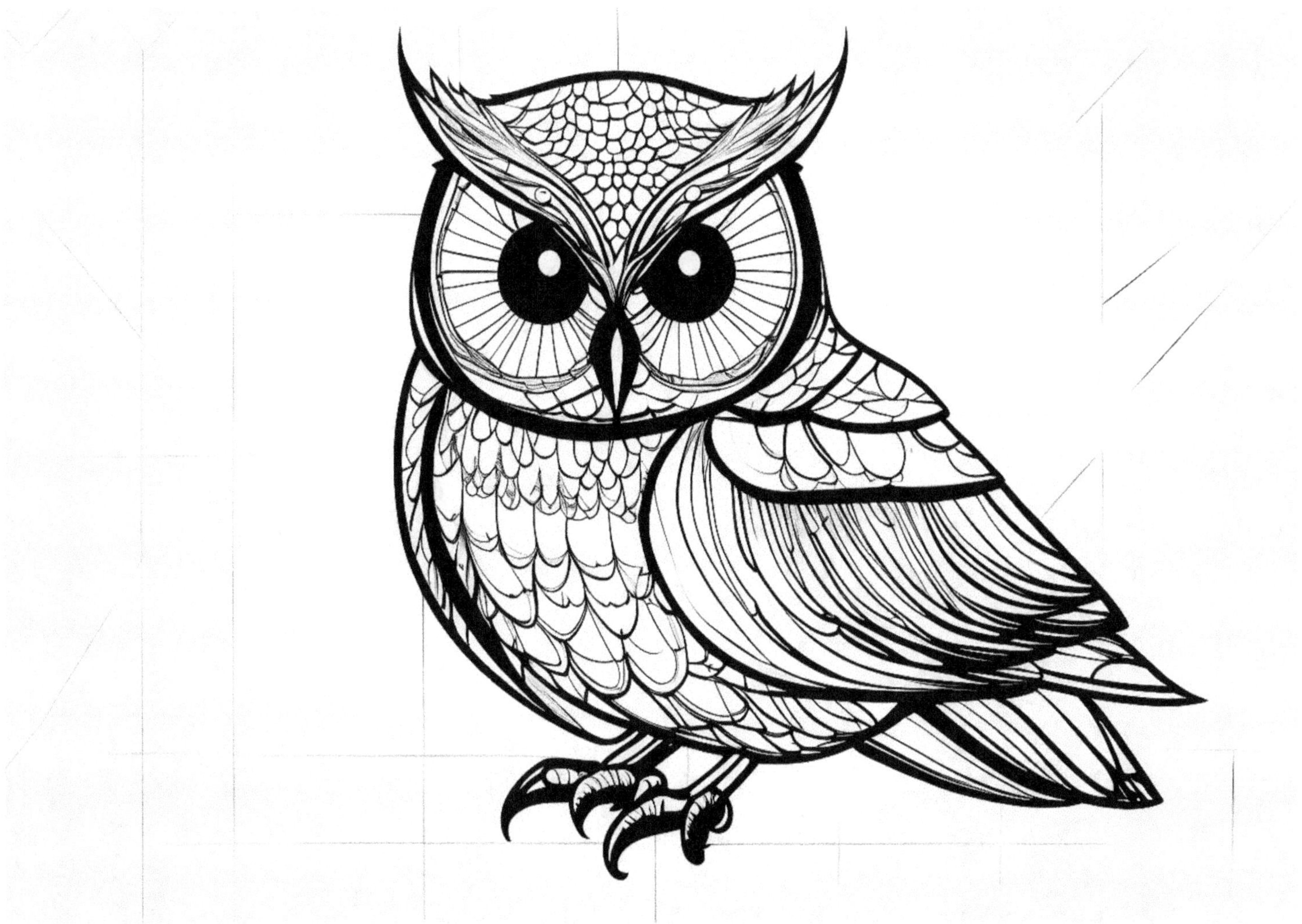

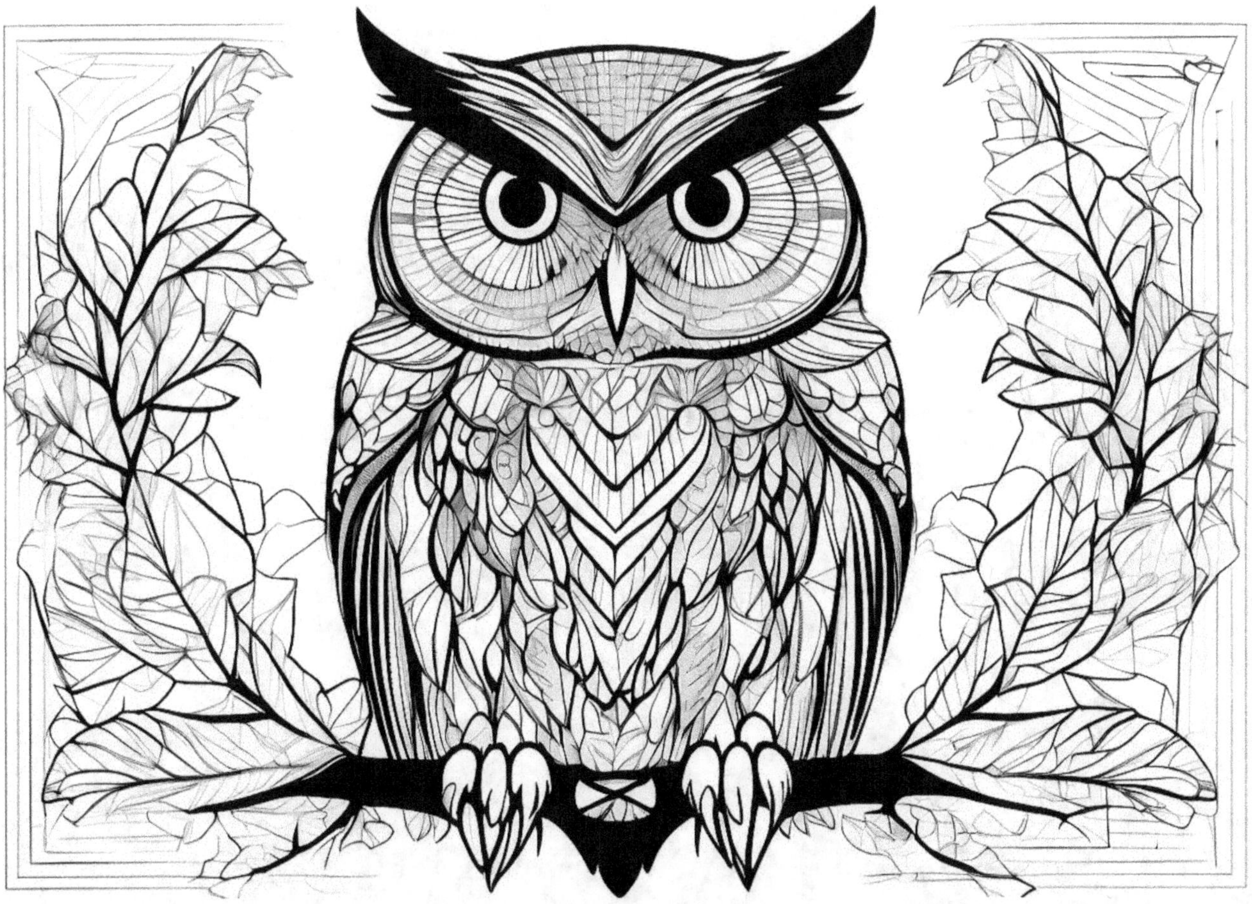

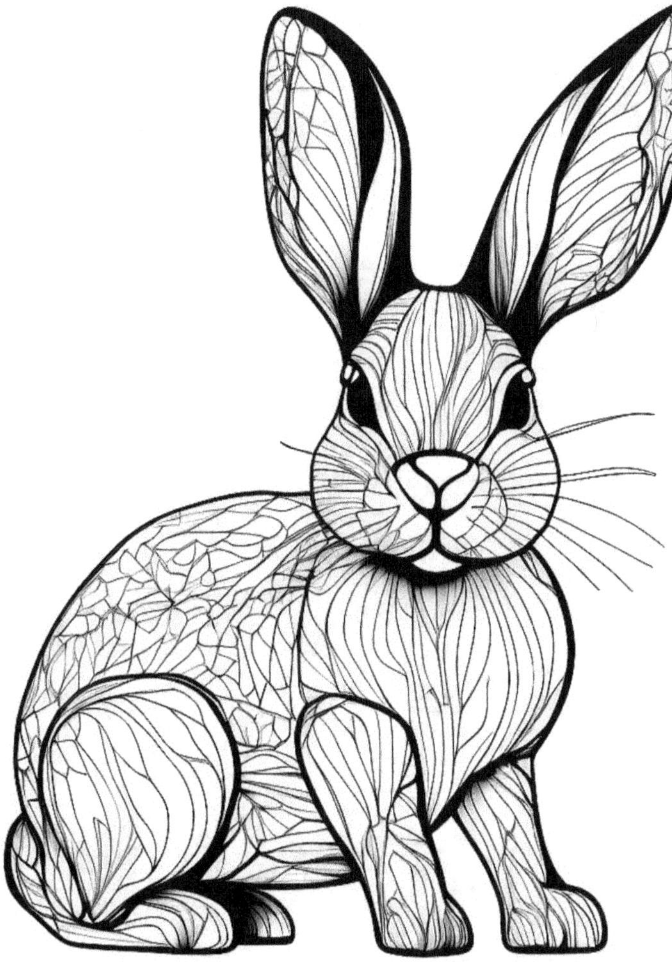
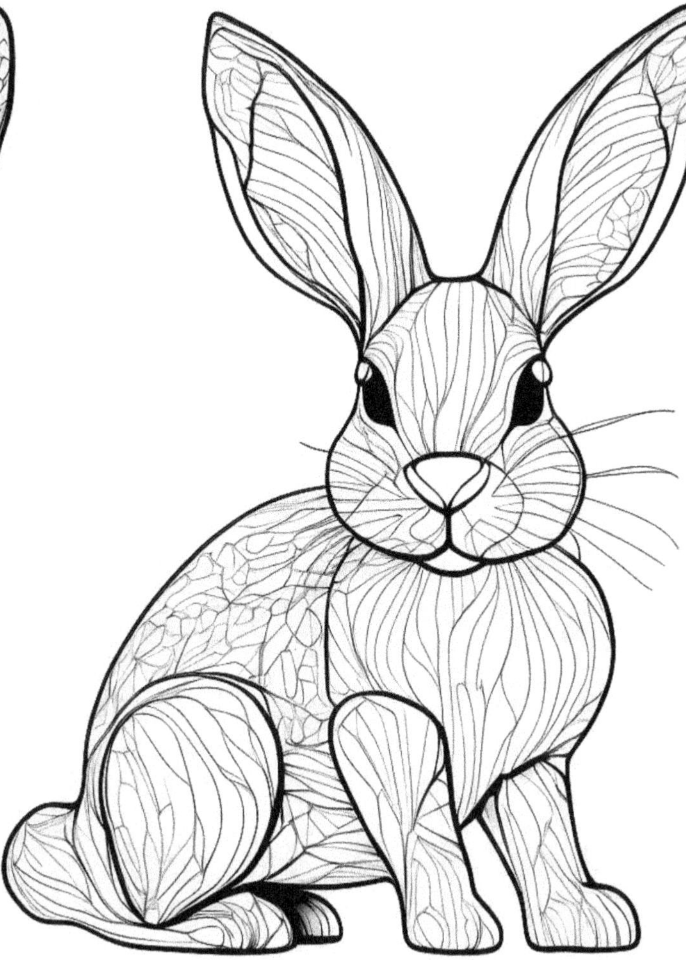
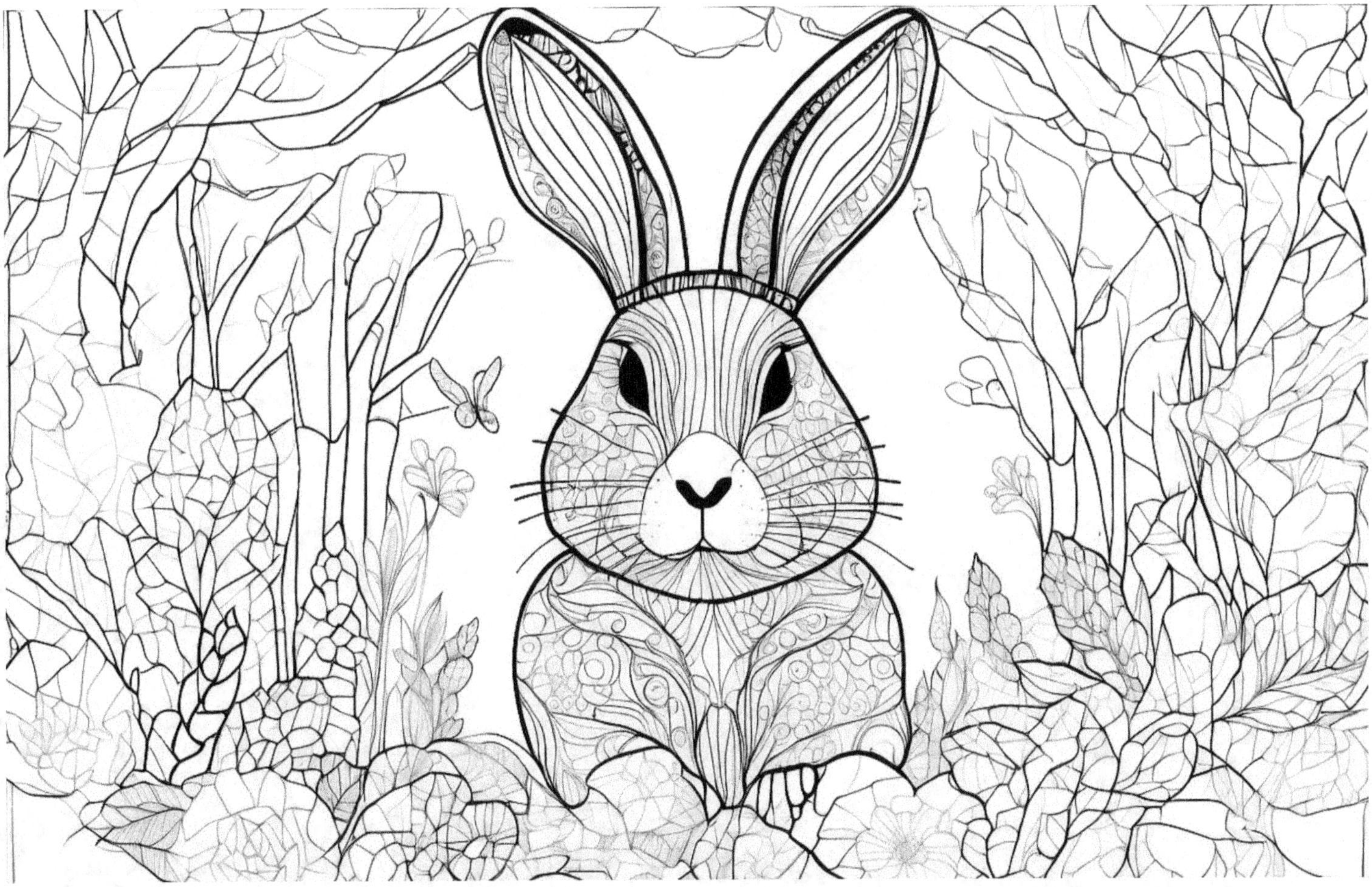

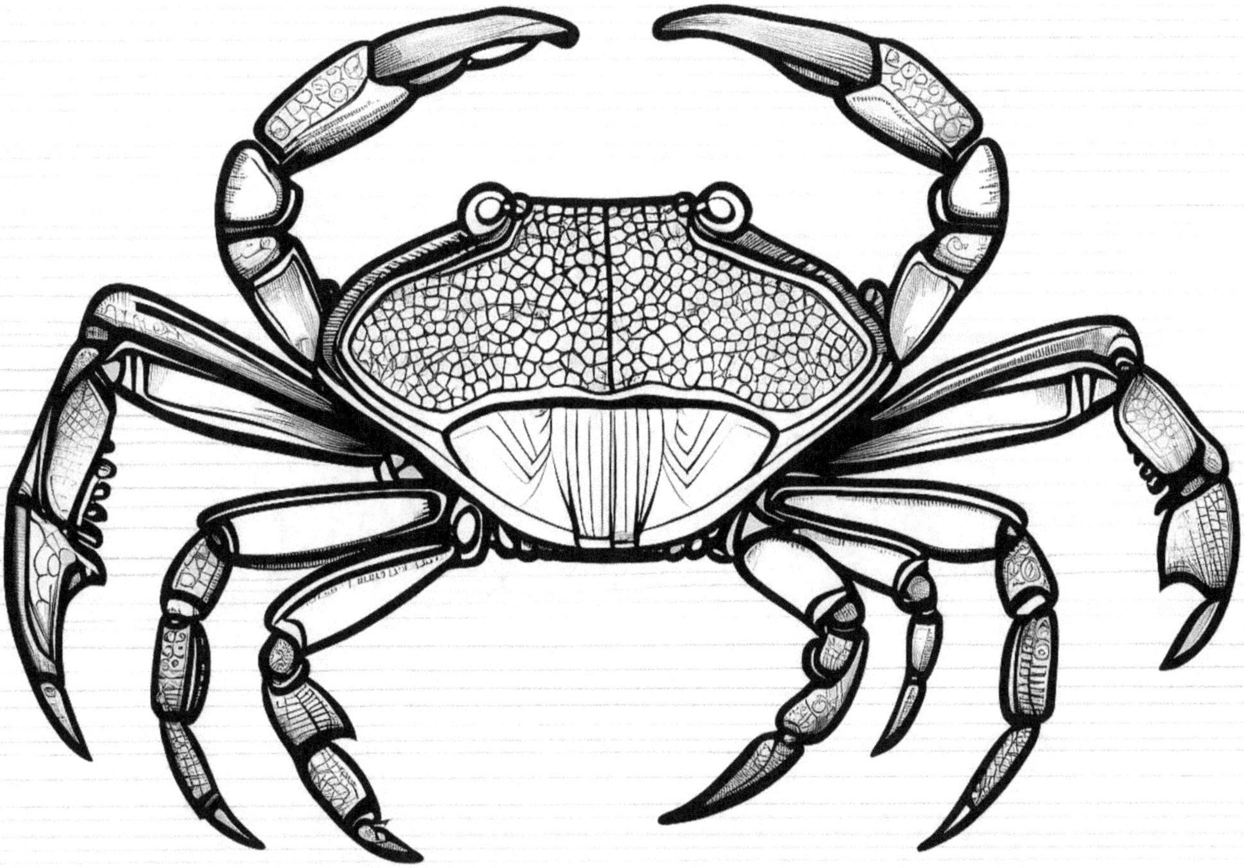

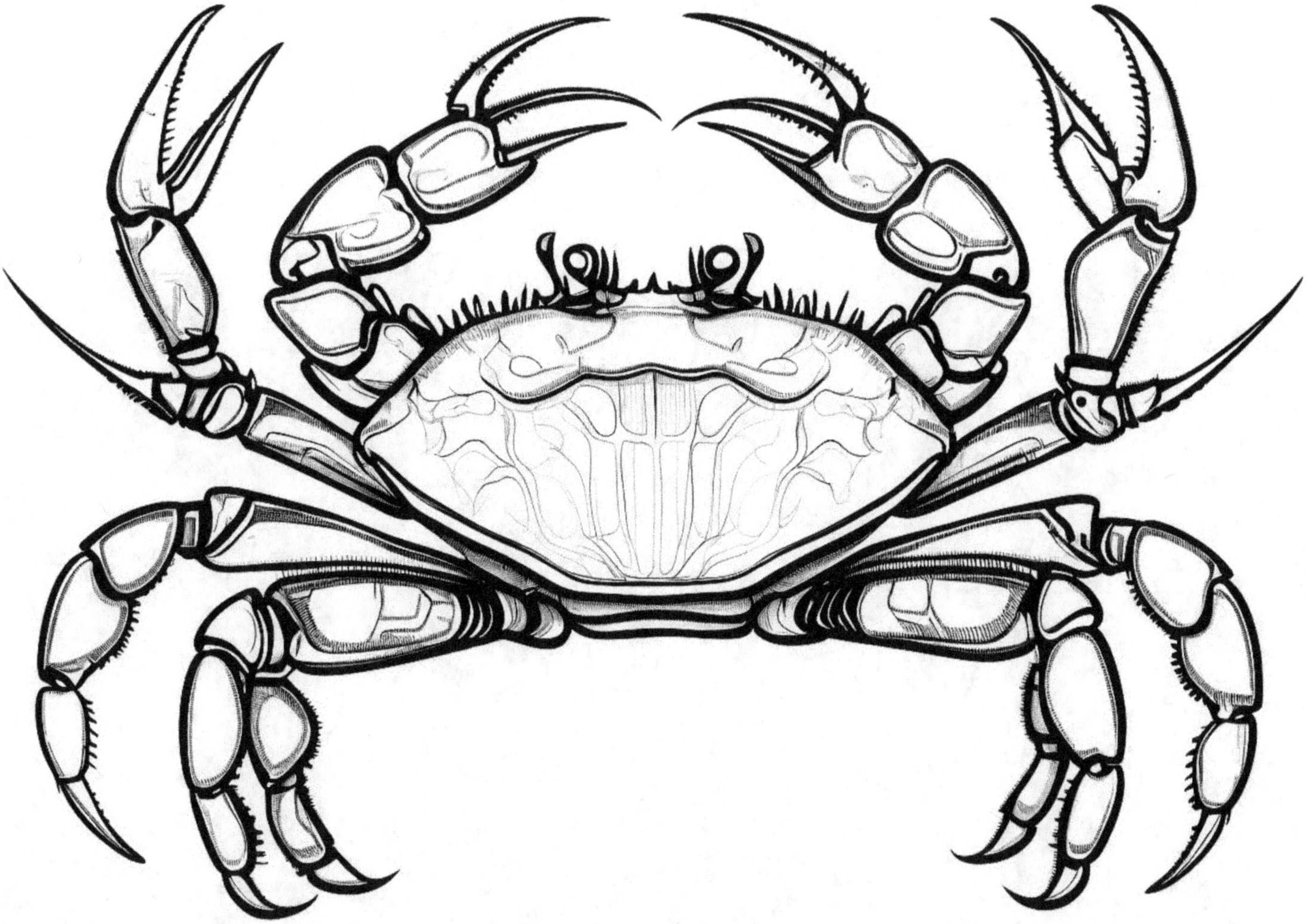

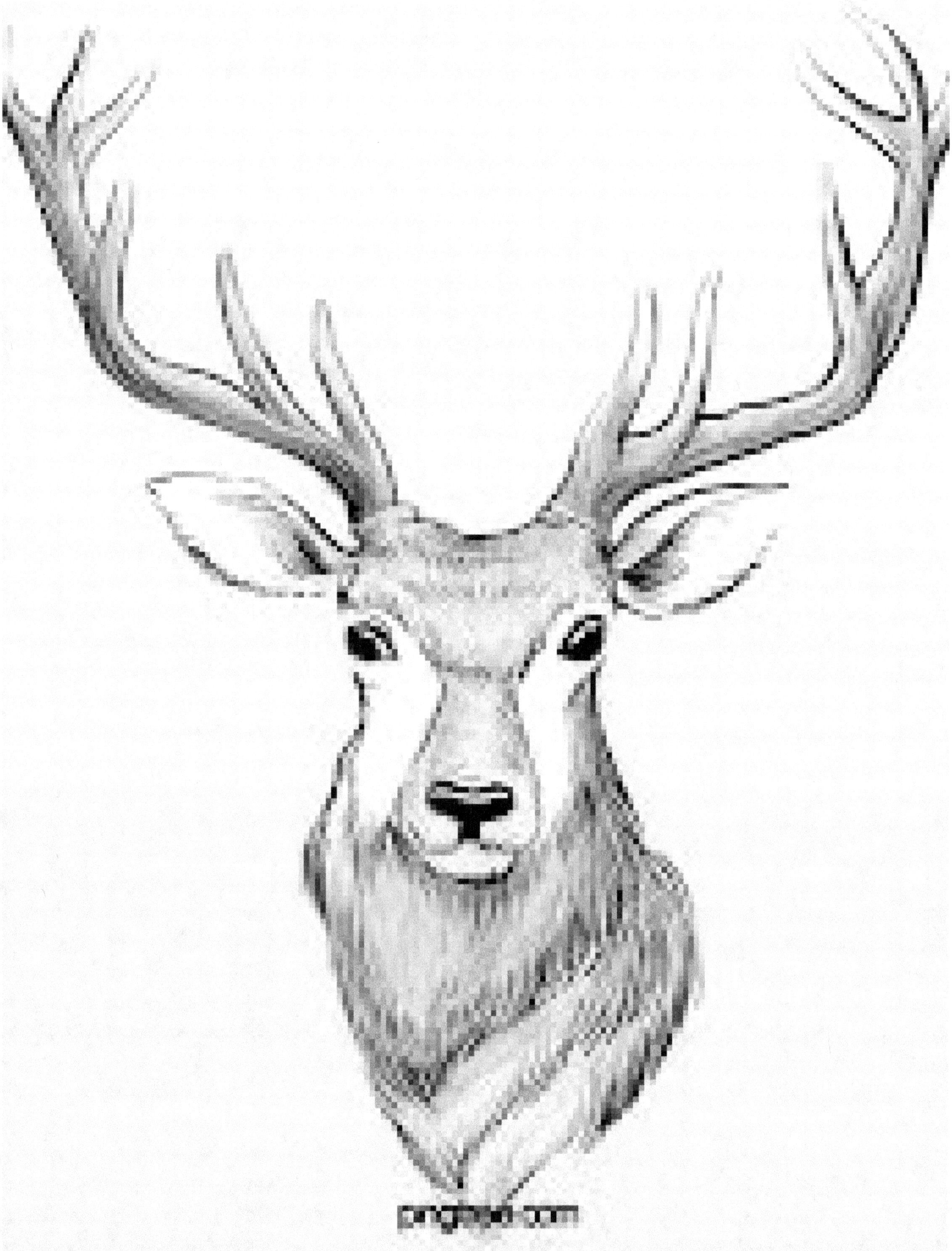

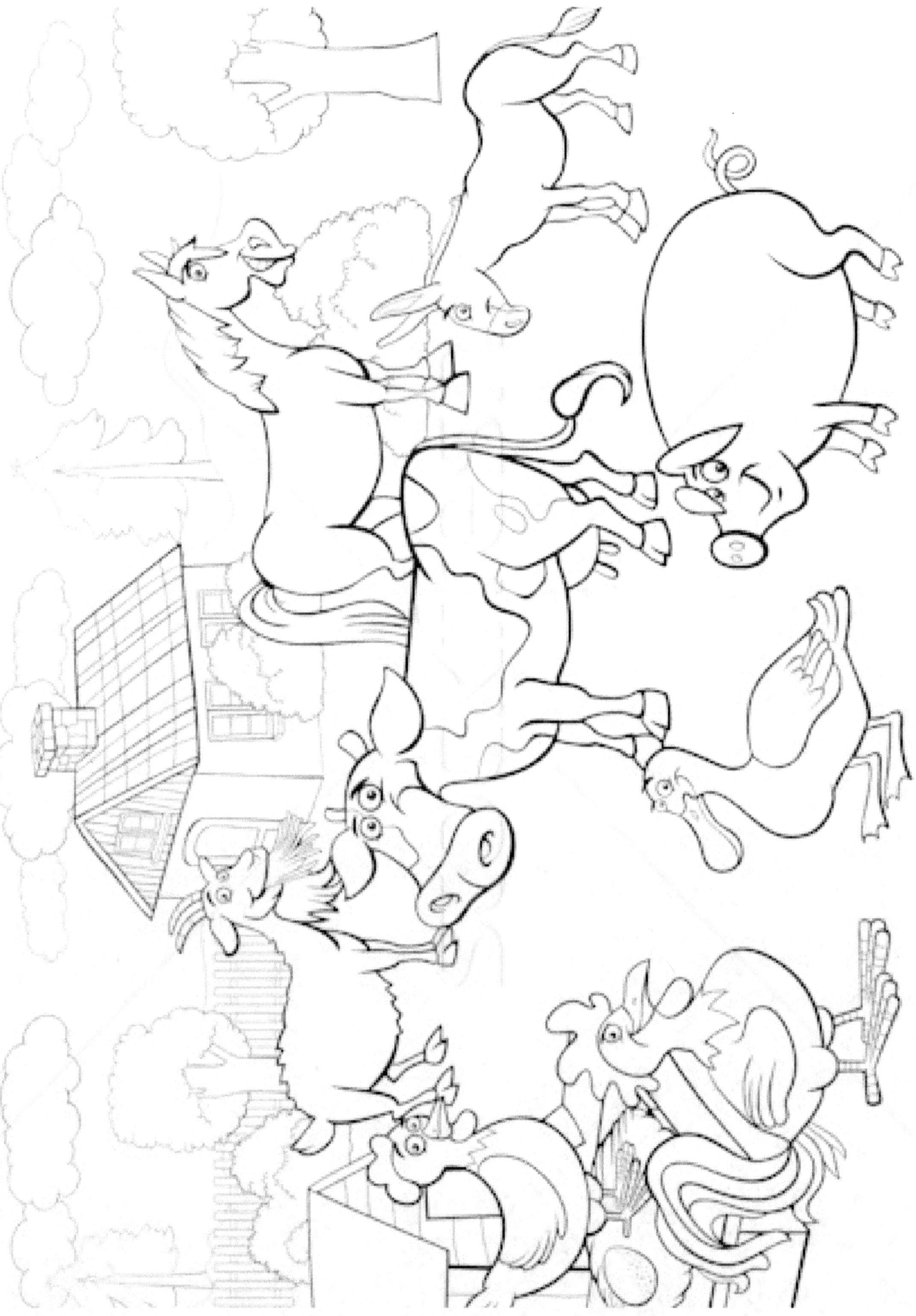

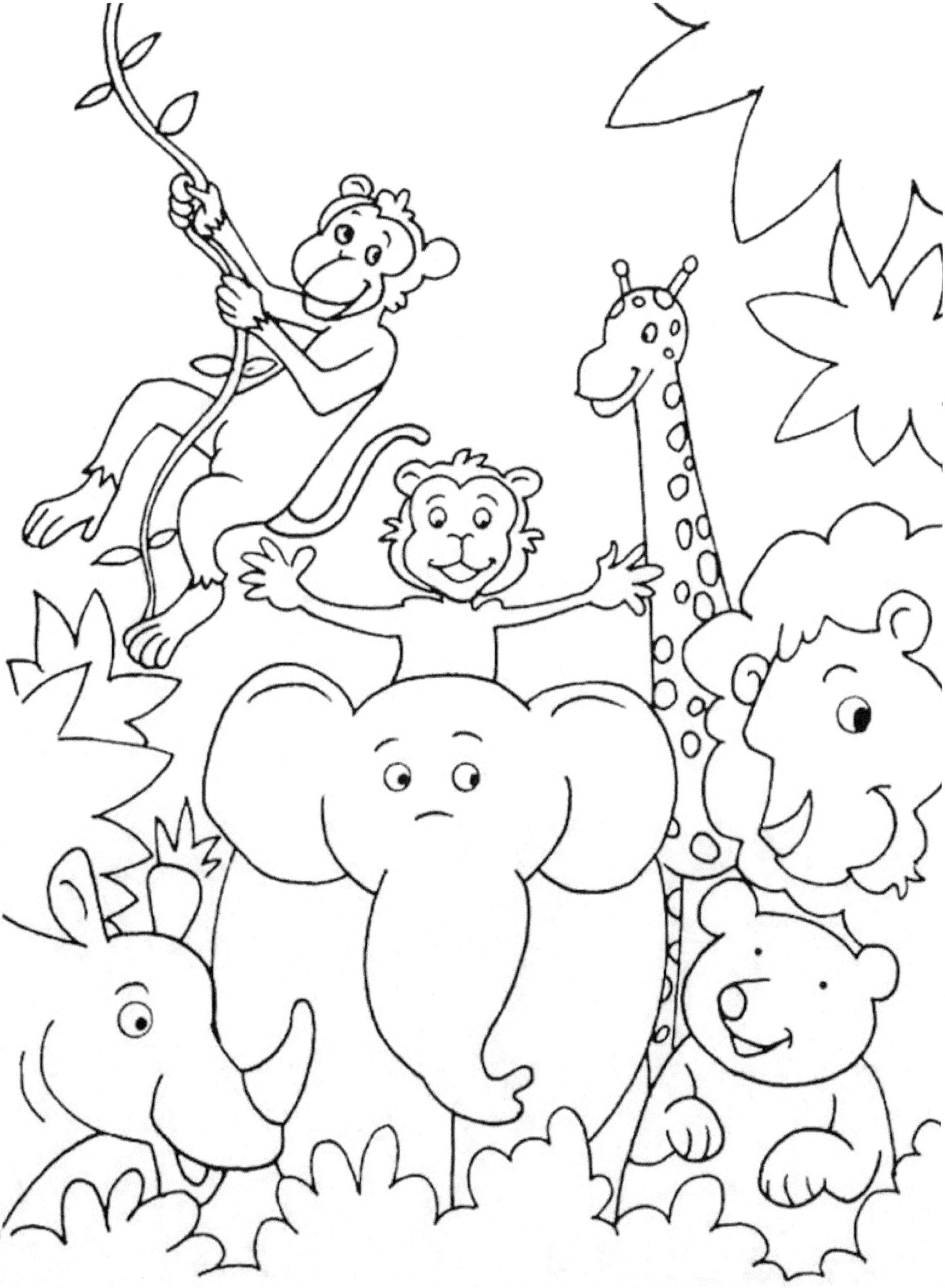

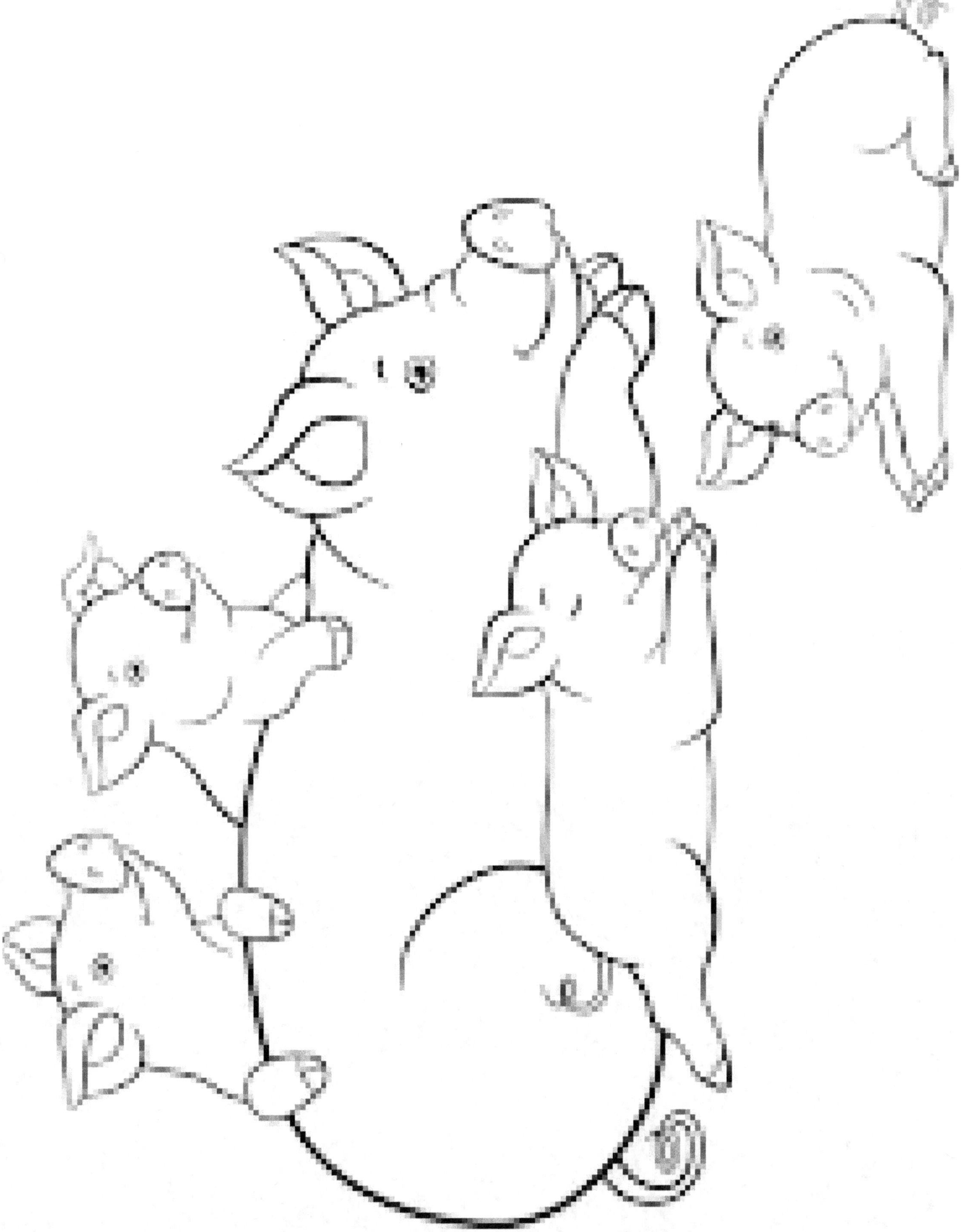

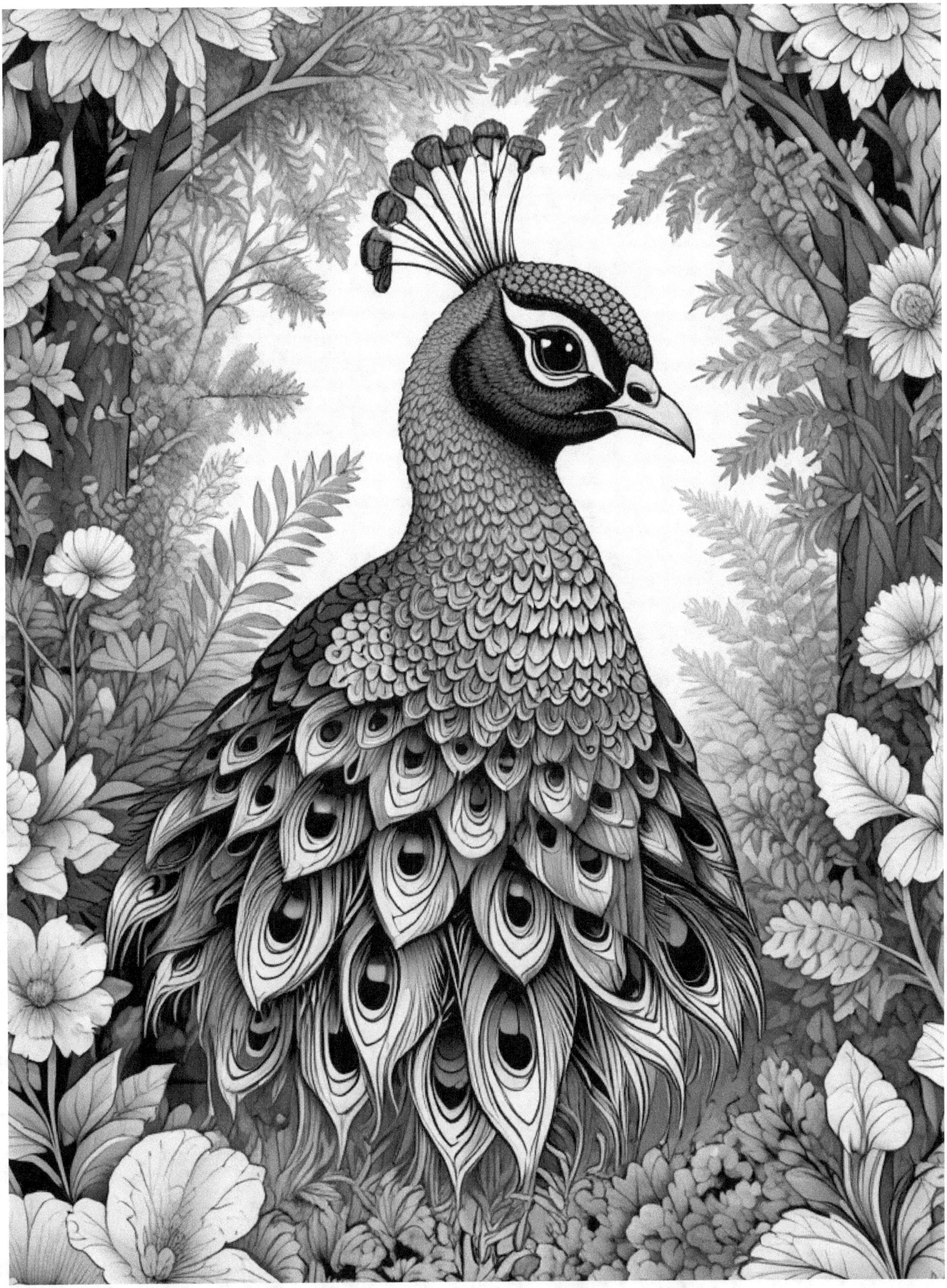

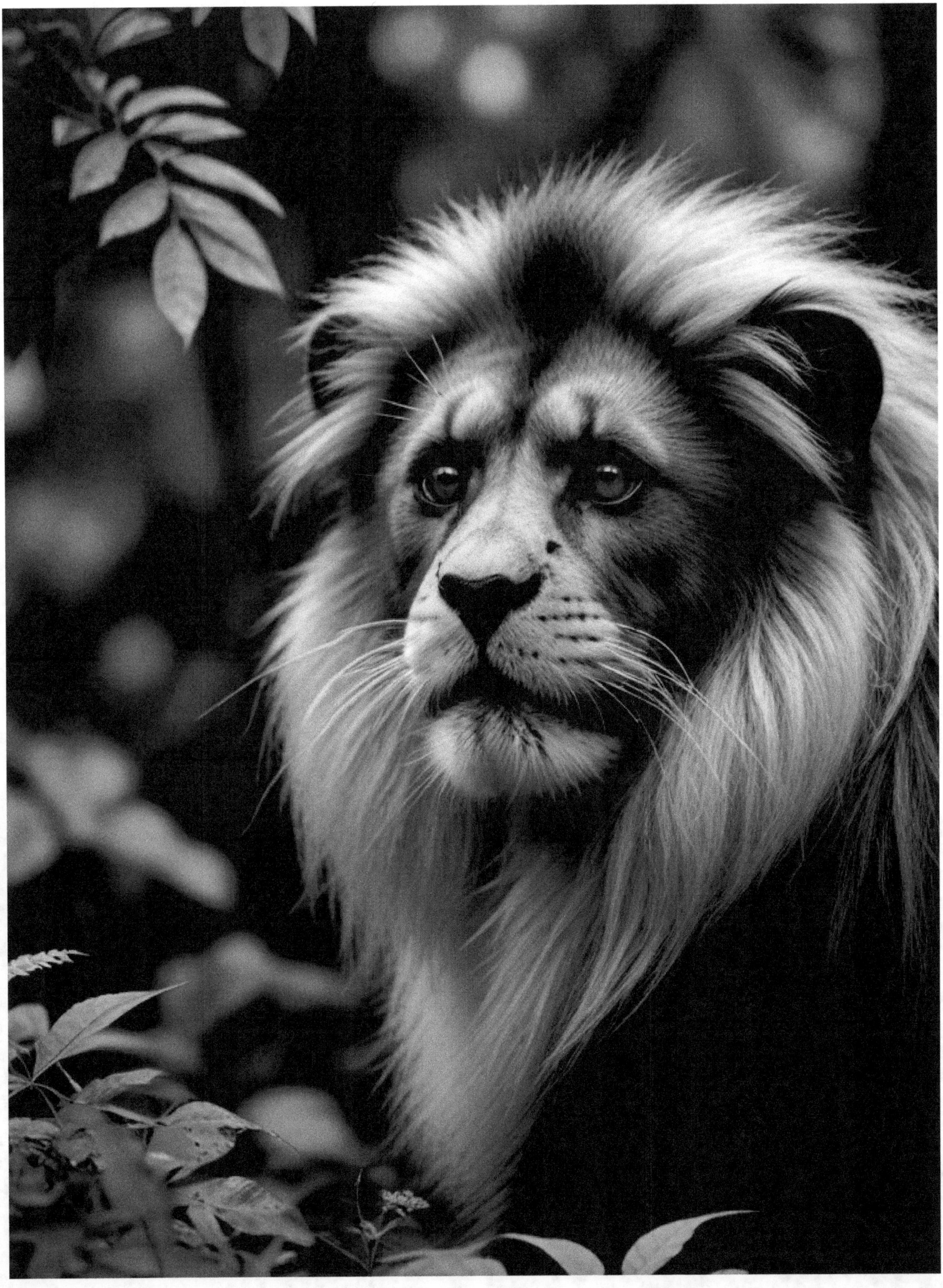

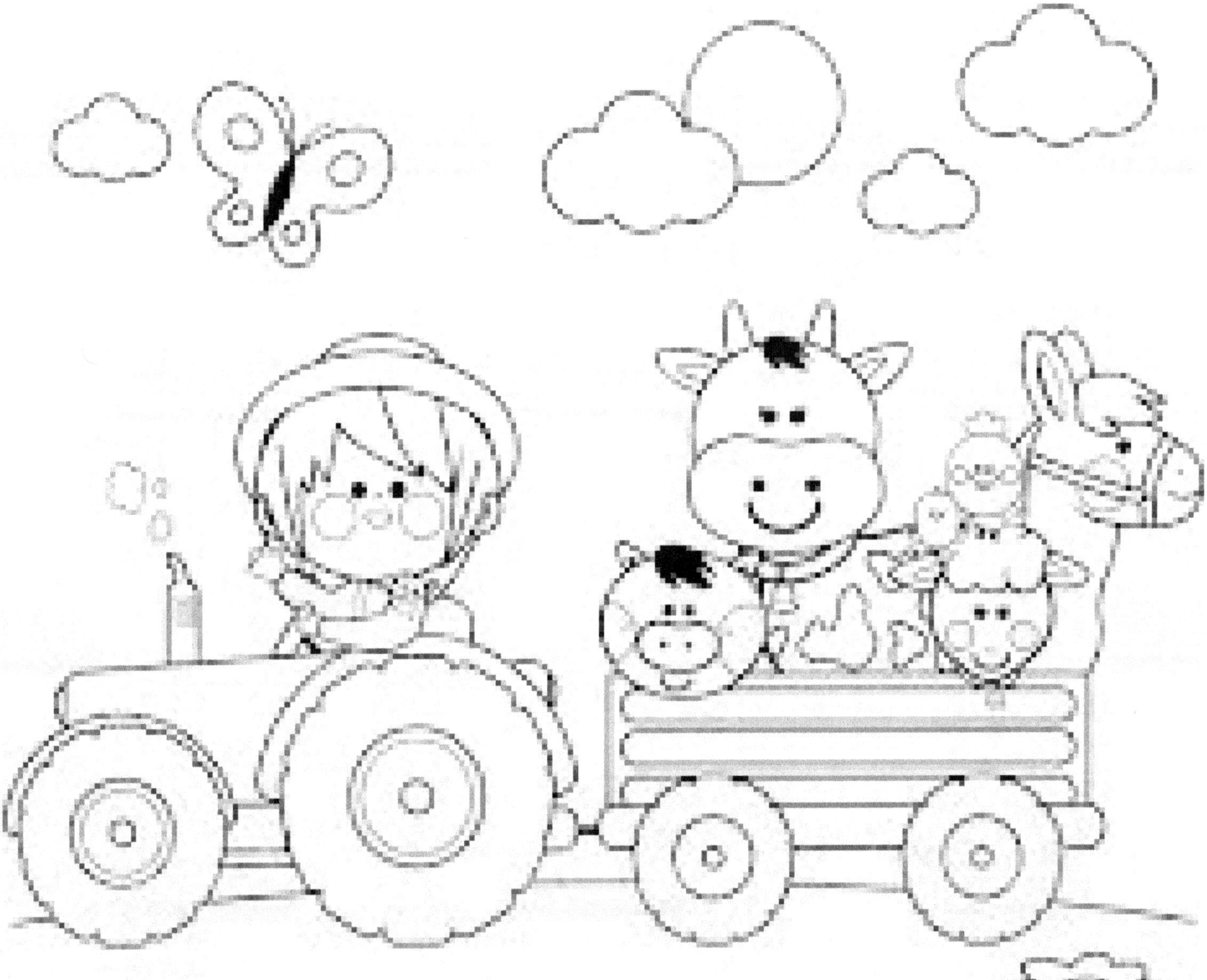

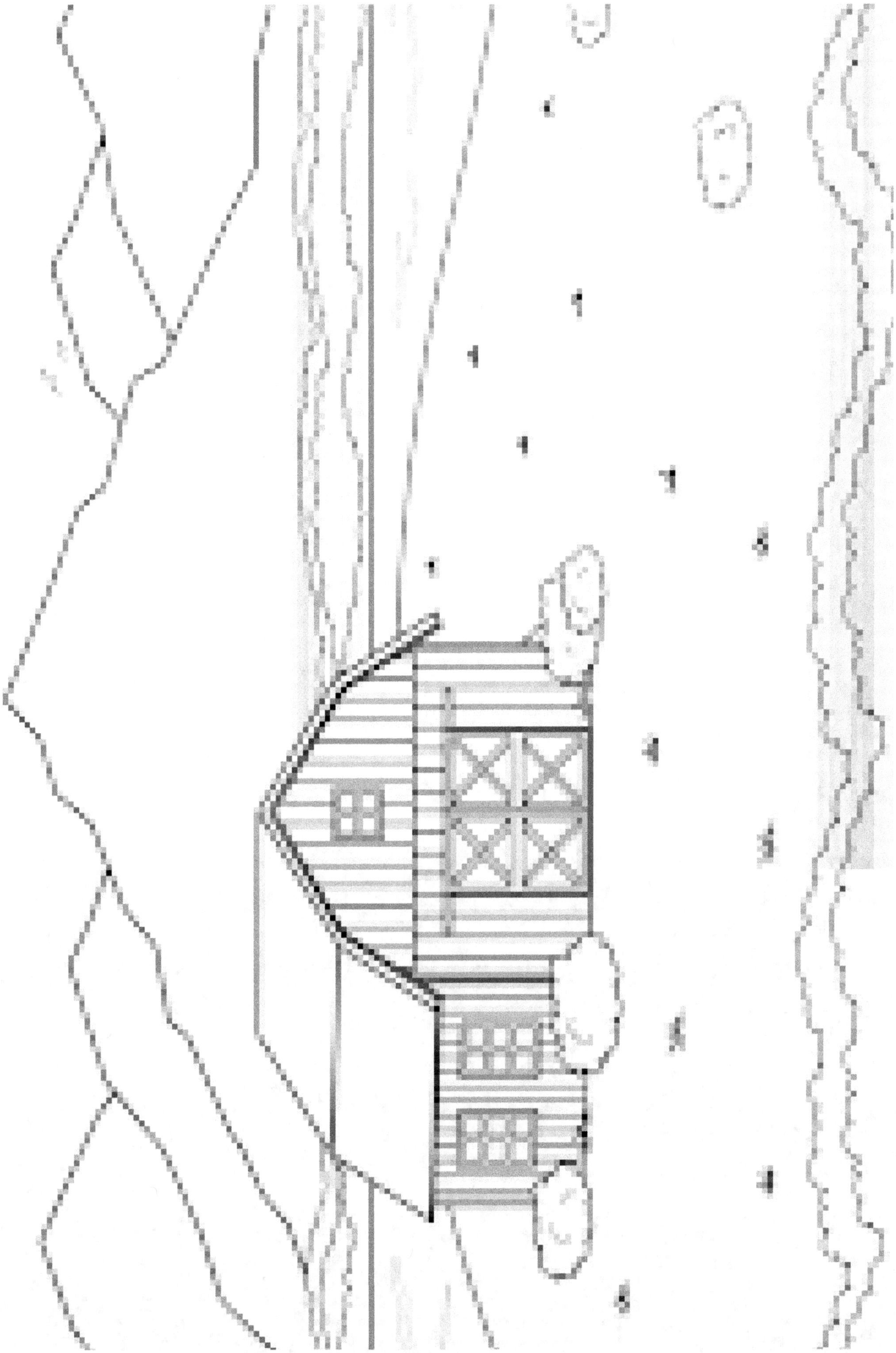

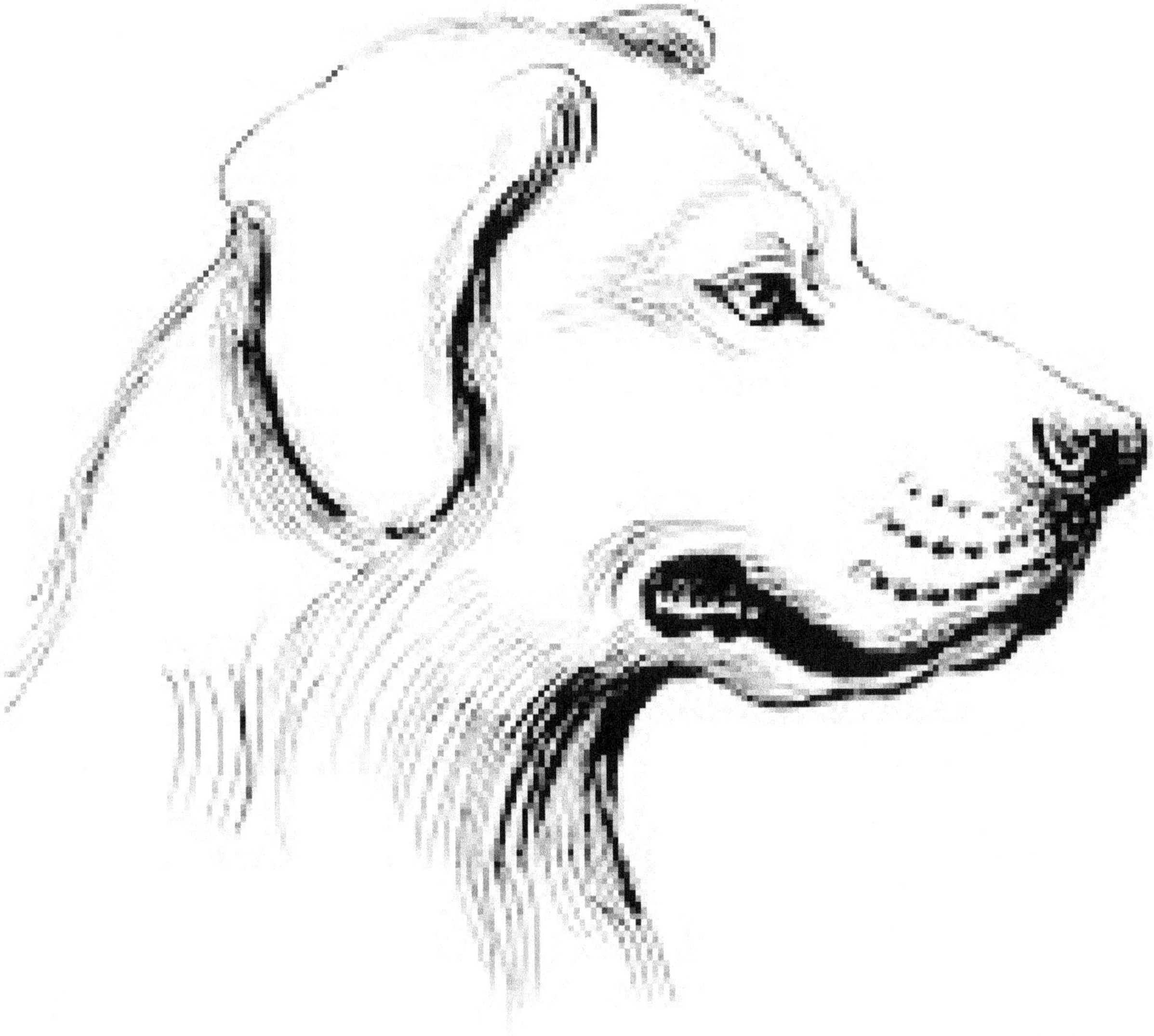

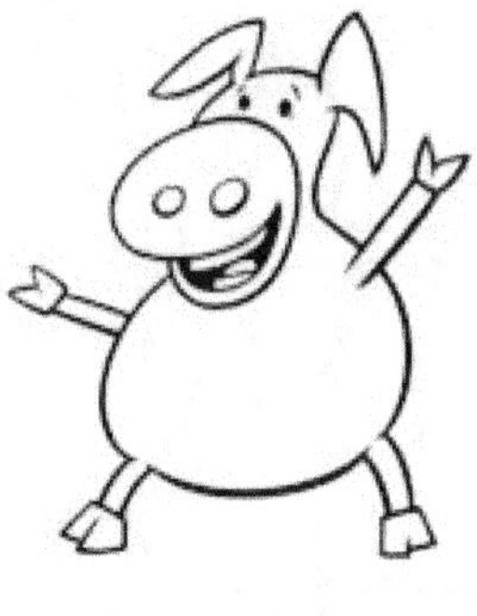

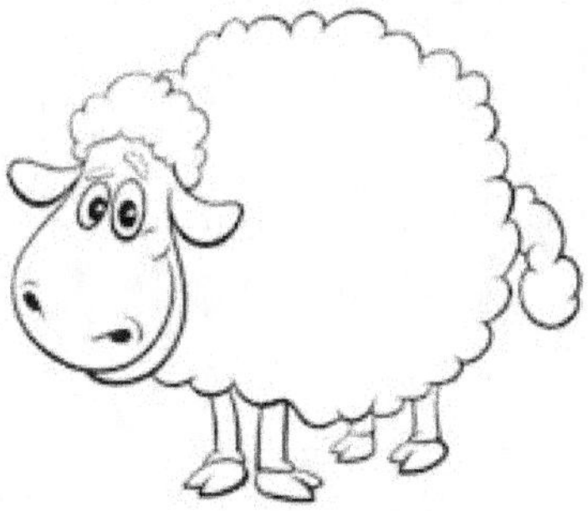

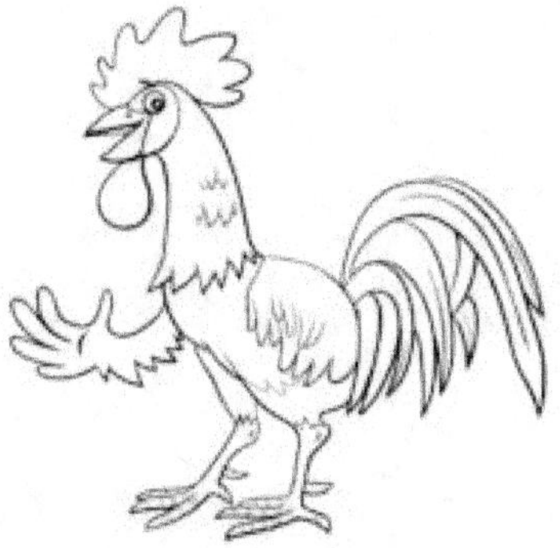

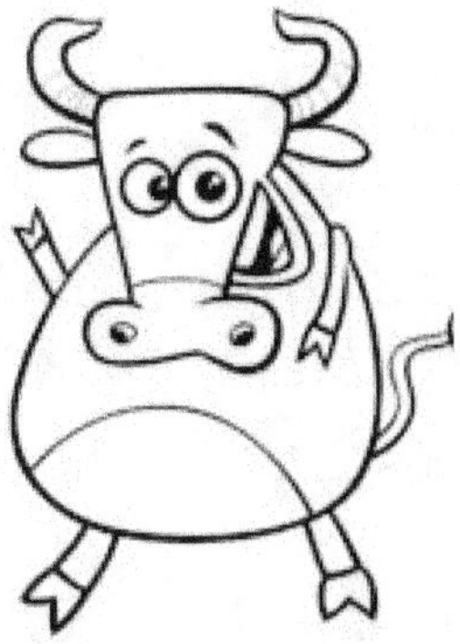

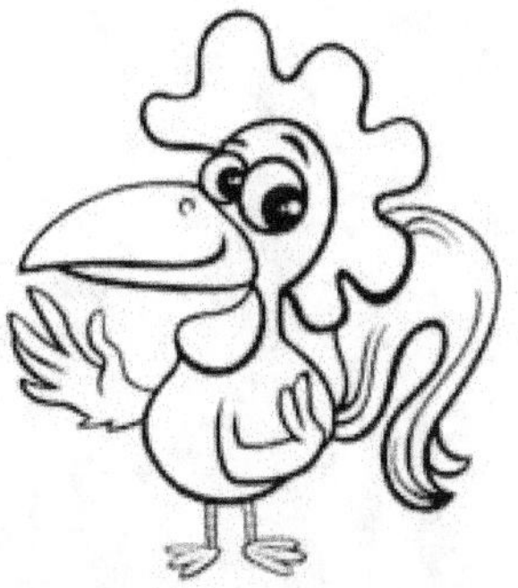

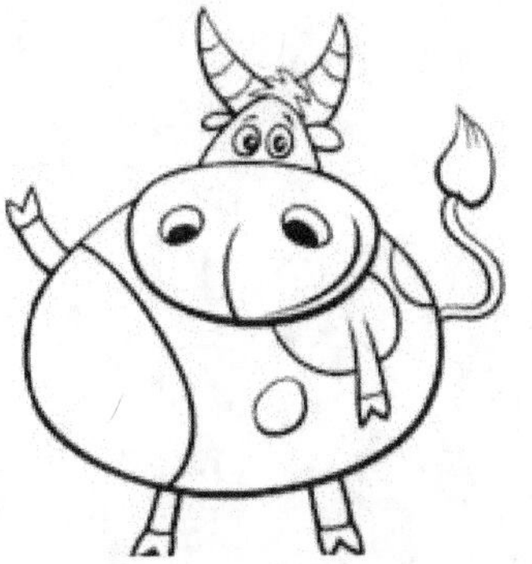

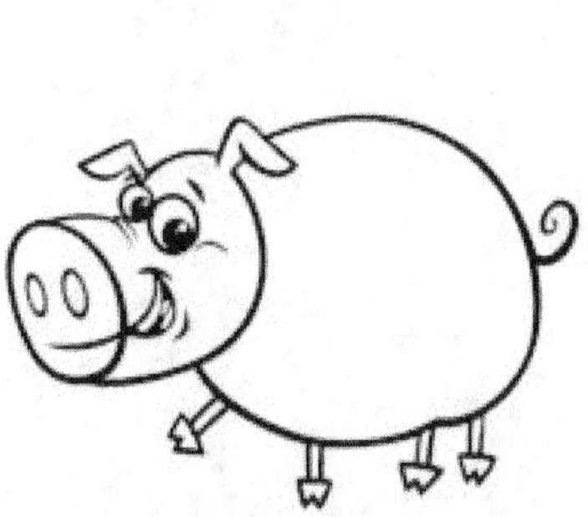

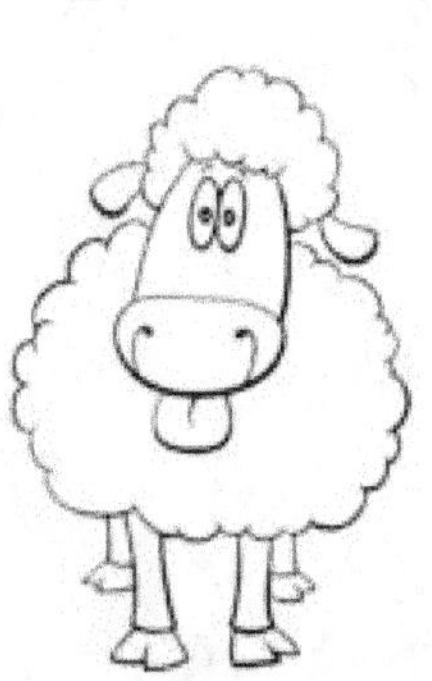

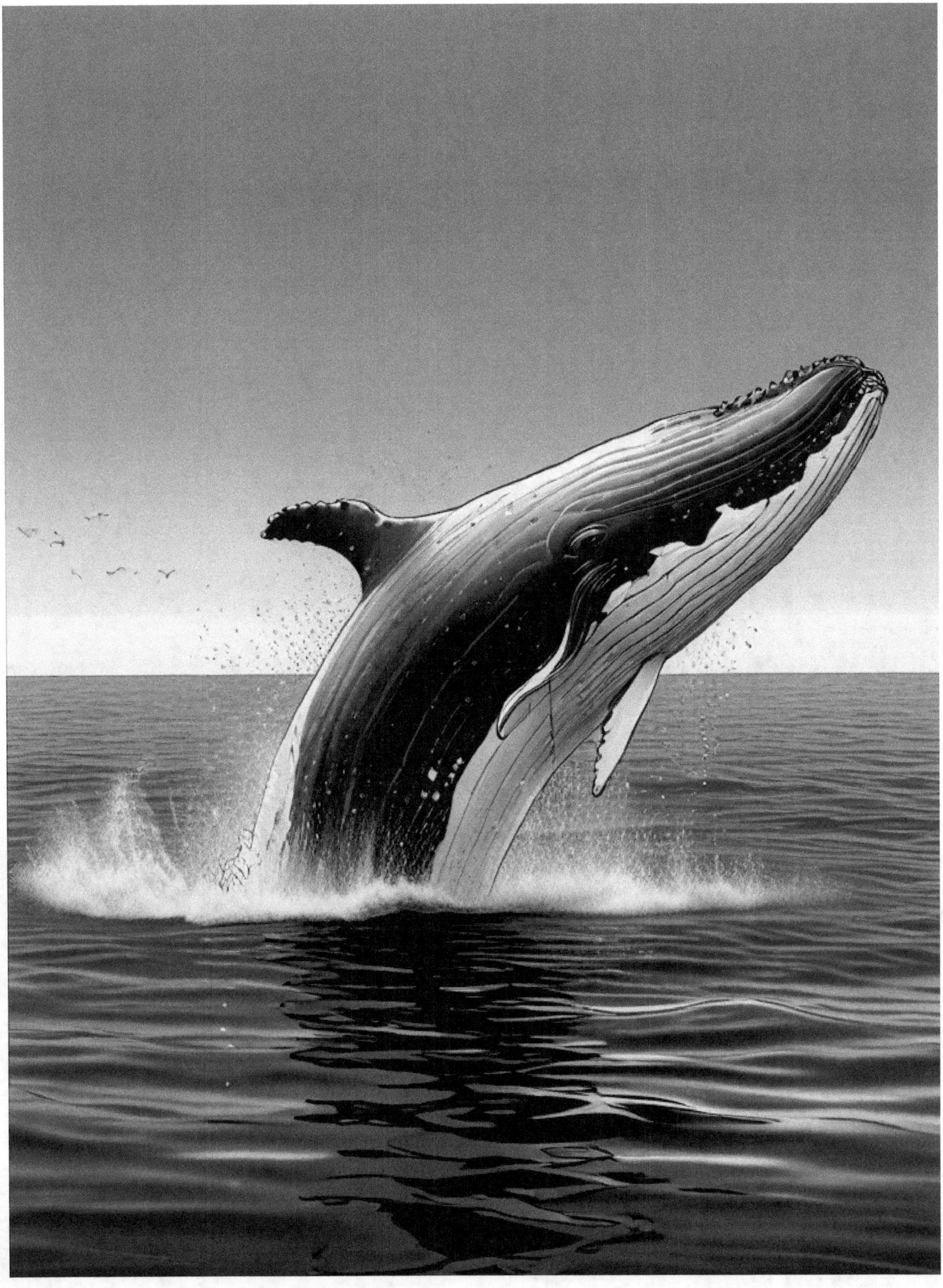

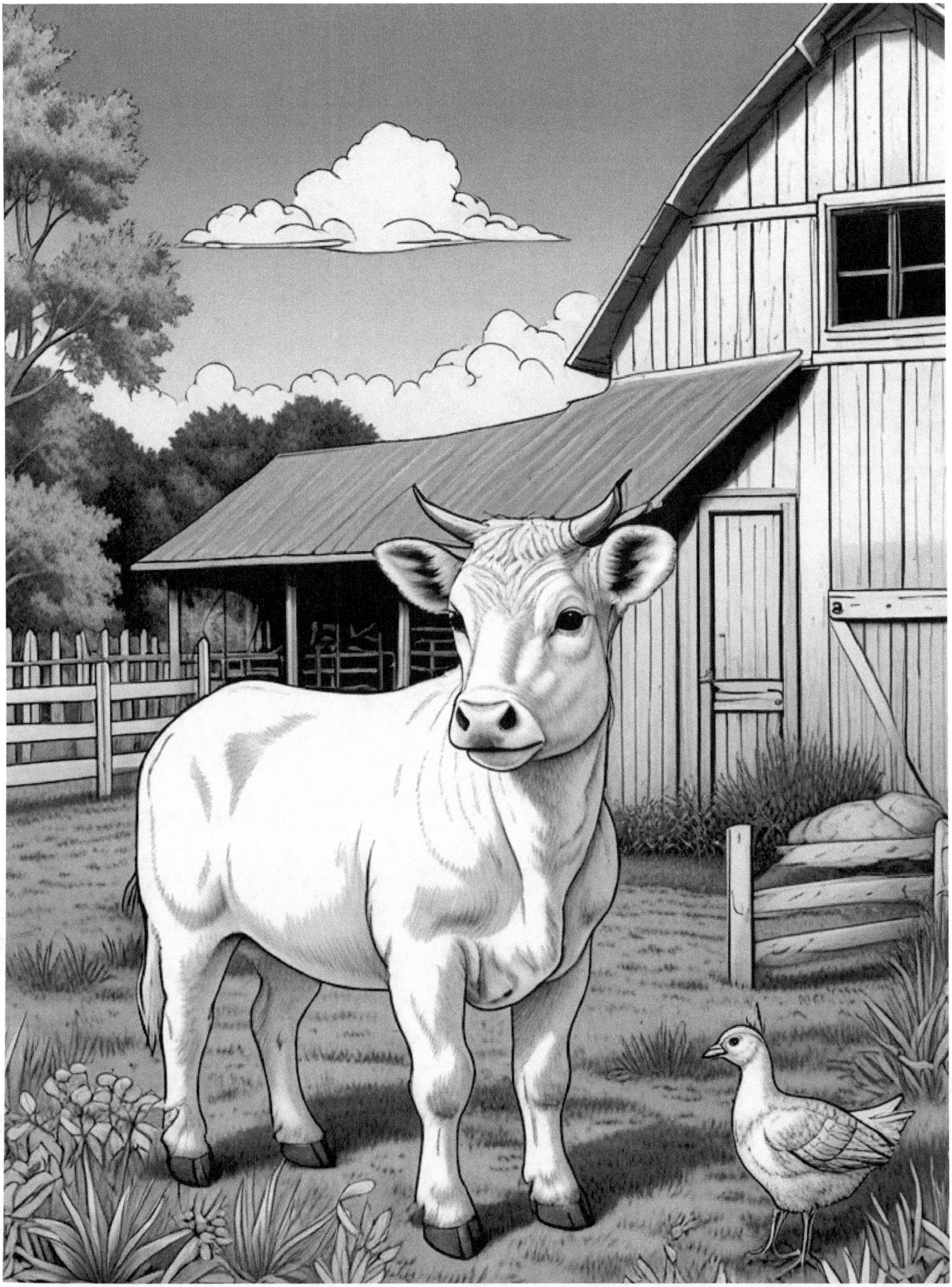

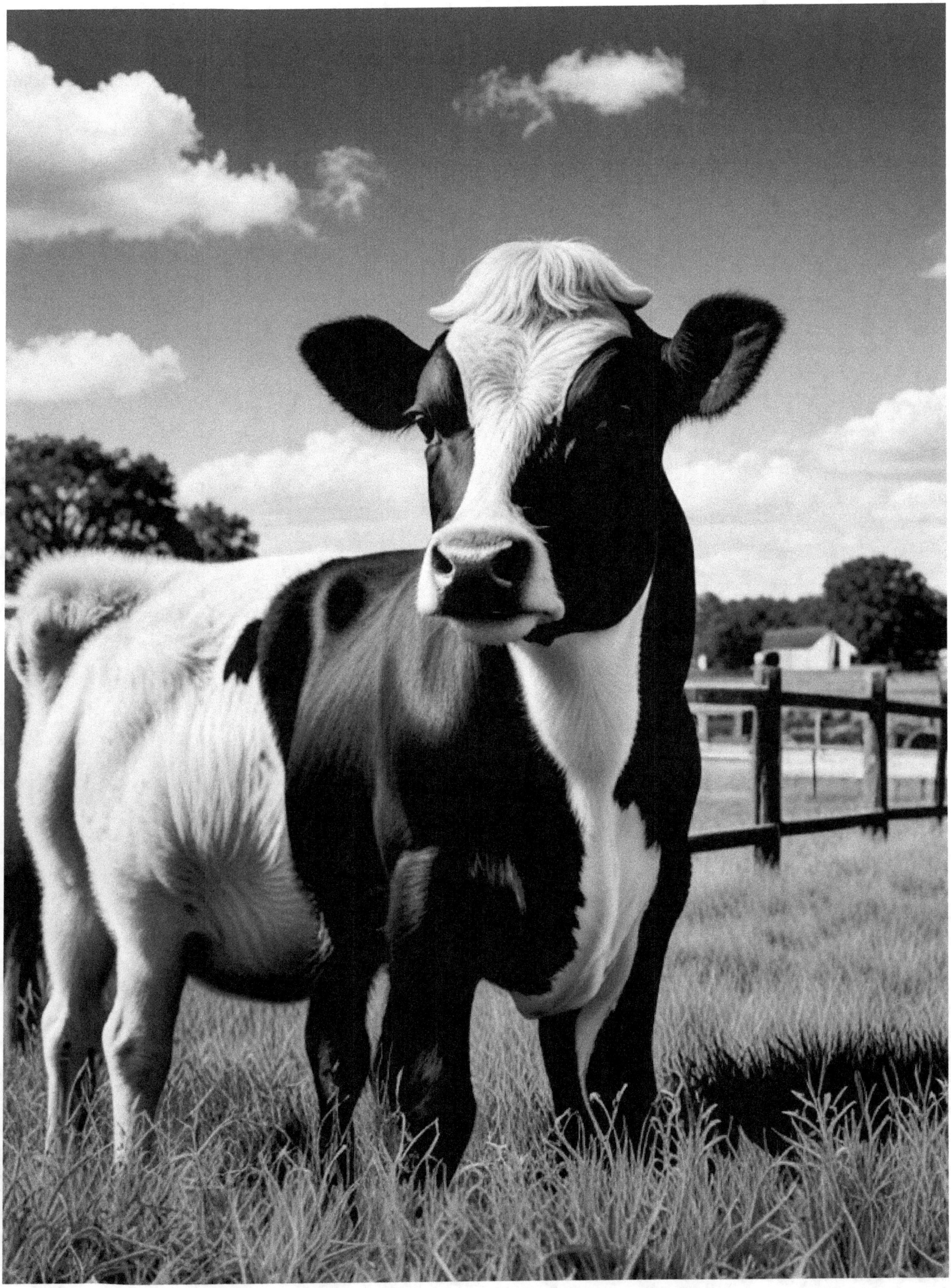

www.ingramcontent.com/pod-product-compliance
Lightning Source LLC
Chambersburg PA
CBHW062116220526
45471CB00010B/3755
* 9 7 9 8 3 2 1 6 5 1 3 4 6 *